院士经济的

襄阳探索

襄阳市科学技术协会
中国科学院中科科技培训中心　主编

群言出版社
QUNYAN PRESS
·北京·

图书在版编目（CIP）数据

院士经济的襄阳探索 / 襄阳市科学技术协会，中国科学院中科科技培训中心主编 . -- 北京：群言出版社，2019.1

ISBN 978-7-5193-0487-4

Ⅰ. ①院… Ⅱ. ①襄… ②中… Ⅲ. ①区域经济发展—研究—襄阳 Ⅳ. ①F127.633

中国版本图书馆 CIP 数据核字（2018）第 295032 号

策　　划：孙平平
责任编辑：李　群　孙平平
助理编辑：张启超
封面设计：逸品书装

出版发行：群言出版社
地　　址：北京市东城区东厂胡同北巷 1 号（100006）
网　　址：www.qypublish.com（官网书城）
电子信箱：qunyancbs@126.com
联系电话：010-65267783　65263836
经　　销：全国新华书店

印　　刷：北京朝阳印刷厂有限责任公司
版　　次：2019 年 3 月第 1 版　2019 年 3 月第 1 次印刷
开　　本：710mm × 1000mm　　1/16
印　　张：10.5
字　　数：123 千字
书　　号：ISBN 978-7-5193-0487-4
定　　价：46.00 元

课题组顾问

王天然，中国工程院院士，中国科学院沈阳自动化研究所研究员、博士生导师

汪集旸，中国科学院院士，中科院广州能源所特聘首席科学家、博士生导师，广东省新能源与可再生能源重点实验室学术委员会主任

匡廷云，中国科学院院士，中国科学院植物研究院研究员

张铁岗，中国工程院院士，国家安全技术及工程专家

刘嘉麒，中国科学院院士，地质学家，中科科技培训中心主任

课题组成员

吕晓澎	中科科技培训中心副理事长
初景利	教授、博士生导师，中国科学院大学图书情报与档案管理系主任
张冬荣	中国科学院文献情报中心主任助理，中国科学院国家科学图书馆学科咨询服务部研究馆员
王　铮	中国科学院文献情报中心博士，南京大学信息管理学院博士后，西北大学公共管理学院讲师
齐明钢	中科科技培训中心副主任
段美珍	中国科学院博士
齐　铮	中国科学院硕士

前言

襄阳是汉江流域中心城市和湖北省域副中心城市，也是全国首批创新驱动助力工程示范市。为推进经济社会高质量发展，坚持创新驱动发展战略，形成了汽车、装备制造、农产品加工、医药化工、电子信息、新能源新材料、冶金建材等主导产业，2018 年规模以上高新技术制造业增加值比上年增长 12%，国民经济正在步入健康可持续发展轨道。在践行新的发展理念中，如何利用高端智力资源，抢占产业发展制高点，是关系到襄阳建成长江经济带重要绿色增长极的重大课题。

科学技术是第一生产力。两院院士和科技专家是各领域先进技术的领军人物，也是经济社会发展最宝贵的智力资源。近年来，襄阳致力产学研用结合，根据产业发展需要，积极与院士专家对接，支持园区和企事业单位建立了 78 家院士专家工作站，涵盖了全市各主导产业、市内主要高校和医疗机构。院士、专家们竭诚支持，无私奉献，为企业生产发展提供技术引领，解决了设站单位大量技术难题，促进了大批科技成果转化为现实生产力，为襄阳经济社会转型发展做出了重大贡献。

人才聚则产业兴。为了进一步促进高端技术人才在更高层次、更广领域为襄阳发展提供智力支持，襄阳市科学技术协会及下属的市院士专家联络服务中心委托中国科学院中科科技培训中心就发挥院士专家的聚集效应开展了专题课题研究。王天然、汪集旸、匡廷云、张铁岗、刘嘉麒五位院士亲自领衔担任了课题组顾问，进行了历时近一年的调查研究，深入多家设站单位把脉问诊，多次召开专家学者、企业家和党政干部座谈会，形成了立意高远、内容丰富、资料翔实的调研报告，为襄阳经济社会发展建言立论，提出了充满真知灼见的意见建议。我们在配合课题组的工作中，深深地感受到课题组全体科技工作者的使命担当和对襄阳人民的殷殷情怀。

为更好地运用课题研究成果，现将调研报告付梓，以期决策咨询和指导工作时参考。

襄阳市科学技术协会

2019 年 2 月

目　录

引　言

用战略思维谋划区域科技创新体系建设

党的十九大为中国未来发展描绘了新蓝图，开启了新时代的新征程。十九大报告特别强调了“战略思维”的重要性，并将其摆在了五大思维（战略思维、创新思维、辩证思维、法治思维、底线思维）之首的位置。这充分说明了战略思维对于布局谋篇新时代的重要性，也是我们用来谋划区域科技创新体系建设的重要思维工具。

所谓战略思维，其基本内涵是战略整体观和全局观，要求我们解放思想、实事求是、与时俱进、求真务实，不断推进实践创新、理论创新与制度创新。在推进区域科技创新体系建设的具体工作实践进程中，我们只有不断地培养和发挥战略思维能力，才能做到高瞻远瞩、统揽全局，善于把握时代发展、国家发展、社会发展、区域发展以及科技发展的总体趋势和最新脉动，站得高、看得远、抓得准、善创新。

十九大报告展现的新时代中国特色社会主义基本方略背后，就体现了丰富成熟的战略思维，例如报告在综合分析国际国内形势和我国发展条件基础上提出的从 2020 年到 21 世纪中两个阶段的发展战略安排；再如报告提出的创新驱动发展战略、可持续发展战略、区域协调发展战略、军民融合发展战略、科教兴国战略、人才强国战略以及乡村振兴战略等九大国家发展战略，而体现在与我们工作息息相关的科技创新与社会发展领域，十九大报告中的战略思维和战略眼光主要表现在以下三个方面：其一，科技发展要面向世界、面向前沿、面向未来；其二，科技发展要面向国民经济主战场；其三，科技发展要服务于国家与区域重大战略需求。报告中提出了支撑国家战略的“关键共性技术”“前沿引领技术”“现代工程技术”与“颠覆性技术”四大关键技术，以及“战略科技人才”“科技领军人才”“青年科技人才”与“高水平创新团队”四大类关键人才。这些论述既为我们的科技服务工作提供了理论与思想指导，也提供了实践中的现实抓手。

用上述战略思维思考和审视襄阳科技创新体系建设，有助于我们把握崭新的格局和全新的机遇，同时深刻意识到我们肩负的历史使命。襄阳在历史上就以“重视人才”“汇聚人才”“涌现人才”著称，当历史传统、文化沉淀面对新的时代际遇，必将激发出新的活力。襄阳作为省域副中心城市、国家自贸区规划的重点区域，是湖北省第二大经济区域，也是汉江流域的中心城市，区位优势和集聚效应明显，当前正在重点扶持发展高端装备制造、新能源汽车、大数据、云计算、商贸物流、检验检测等新兴产业，项目 / 平台 / 人才支持力度空前加强，技术转移和知识流动日益活跃，区域和国际合作逐步升级，这些都为襄阳科技创新服务体系建设提出了新的要求。

目前襄阳总计有 78 家院士专家工作站，所依托的机构属性也很多样，有科研机构、教育机构、医疗事业单位、民营和国有军工企业等，并且在从 2000 年至今的不同时段成立，成熟度与取得的经济效益、社会反响有较大的差异。

基于战略思维视角可以发现，襄阳科技创新体系建设进程已经从早期的建设阶段发展到运营阶段，需要从单纯重“数”走向重“质”、重“智”、重“治”并举，加强已建成工作站的评估和反馈，以及新建工作站的审查和准入，以提升建站质量和平台服务效能。

具体而言，依据“筹备计划—实施建立—评估反馈—响应改善”的戴明质量管理循环法，当前襄阳院士专家工作站工作已经走过前两个阶段，正处在评估反馈、承上启下、效能提升的关键阶段。为此本研究将以问题为导向，以质量为准绳，以时间为维度，以襄阳院士专家工作站为样本和抓手，系统评估和全面把握高端智力引进的集聚效应，探索区域已有知识存量与智力增量之间的关系，从而为院士专家工作站服务襄阳科技创新体系建设提供参考建议。

本研究从理论上以知识管理、质量管理切入，为襄阳院士专家工作在新时代的发展提供新视角和新思路。从知识管理角度，将院士专家工作理解为一种知识平台和知识中介，将引进外来专家智力资源视为激活本地知识存量的重要外生因素；从质量管理角度，解析了院士专家工作站质量的构成要素以及影响因素，并且对其质量做出了评价和改进建议。

本研究从实践上不局限于院士专家工作站这一种平台研究，而是以此为样本，探索科技创新服务平台的一般性发展规律，可以为双创空间、公共信息服务机构、技术交易所、联合实验室、技术孵化器及其他科技创新服务业态提供参考；同时本研究的应用范围也不局限于襄阳一时一地，而是希望从中提取普适性经验，更期望通过实践界和研究界共同努力，形成具有示范意义的科技创新服务体系“襄阳模式”，从而为更广泛的区域和领域提供参考。

在本课题的开展过程中，得到了襄阳科学技术协会以及襄阳各个设站单位的大力支持，课题报告团队成员做出了辛勤和专业的付出，在此对所有支持和帮助本课题的单位和人员表示感谢。限于精力和学识，本研究报告中不足之处在所难免，恳请各位专家与广大读者批评指正。

第一章 理论篇

高端智力资源与科技创新服务体系的理论基础

本章内容首先从理论层面对院士专家工作站的运行环境、核心要素、功能定位和作用机制进行了分析。我们认为：在推进科技创新服务体系的实践工作之前，首先需要对有关工作的参与者和实施者有正确的理念导入，使大家能够以战略性、前瞻性、全局性的眼光看待院士专家工作站的工作。知识与智力资源的开放、集聚、流动、增值贯穿院士专家工作站建设运营的始终。院士专家工作站处在开放式创新时代，能够有效利用知识等创新资源的开放特性，实现资源汇聚；在这其中要将高端智力资源作为院士专家工作站的核心要素，做好对高端智力资源的服务工作；院士专家工作站的实质是一种科技服务机制和创新制度安排，其最终目标是实现区域的创新发展。

1.1 院士专家工作站的发展环境：开放创新环境

2014 年国务院总理李克强在访问俄罗斯期间，与梅德韦杰夫总理共同出席“开放式创新”国际论坛开幕式并发表演讲，在演讲中反映出“开放式创新”是中国未来经济发展战略中的核心理念。[1] 开放式创新（Open Innovation）是加州大学伯克利分校教授亨利·切萨布鲁夫（Henry William Chesbrough）于 2003 年首次提出的概念，其核心是企业组织应该同时利用内部知识和外部知识来实现创新。[2] 此后学术界和企业界对开放式创新的认识与认同不断深化与强化。伦敦商学院的经济学家 Markides 指出，大多数成熟大公司的创新都集中在改良性创新上，而鲜有颠覆性创新，而最具探索性的创意大多来自大学、科研机构和初创企业，成熟企业的科层制度不可能惠及那么多的创意。[3] 在当前时代，无法想象不采用开放式创新模式就能够解决企业的技术创新问题。[4] 全球知名的投资公司贝恩资本（Bain Capital）基于一系列调查认为：大多数企业高管都崇尚开放

1 中国政府门户网站 .“开放式创新”是国家未来经济发展战略中的核心理念 . [EB/OL]. [2018-01-01]. http：//www.gov.cn/2014-10/15/content_2765480.htm.

2 《开放式创新：从技术获取和创造价值的新规律》（Open Innovation：The New Imperative for Creating and Profiting from Technology）. HBS Press. 2003. ISBN 978-1422102831

3 Markides.C. Fast Second：How Smart Companies Bypass Radical Innovation to Enter and Dominate New Markets[M].New Jersey：Jossey-Bass，2004.

4 Stefanie Boring.Organizing new business development：open innovation at Degussa[J].European Journal of Innovation Management，2008（11）.

式创新，并且认为开放式创新具有巨大的潜力。[1]学者预言未来将无法脱离开放式创新模式，[2]随着技术进步，开放式创新与封闭式创新之间的差异会逐渐缩小。[3]开放式创新无论在理念上或是行动上都将成为企业创新的“新范式”与“新常态”。

切萨布鲁夫在21世纪初提出开放式创新的概念时，他并非是做出一种理论假设，而是基于对朗讯、IBM及英特尔等公司的案例分析提炼出了开放式创新模式，可见开放式创新模式是实践环境的产物。学者们将促使开放创新环境形成的要素特征归纳为：知识经济时代知识工作者的易获得性和易流动性、风险投资市场的兴起、外部供应商生产能力的提高、创意交易与知识交易制度的成熟、全球化和新技术浪潮促进了地区协调和合作等。[4,5]

企业作为创新主体，直接感受着开放创新环境的变化，同时相较于其他类型组织也能更快地对外界环境做出响应。当开放式创新成为主流环境时，已有很多证据表明了该环境对企业经营和创新活动的影响。例如已有针对北欧中小企业的研究报告指出开放创新资源能够帮助工商业界解决因缺乏资源而导致的知识缺口，从而促进企业的创新和成长。[6]开放资源能够给企业带来显著的效益，例如减

1 Darrell Rigby. Open Market Innovation[J]. Harvard Business Review，2007（10）：68.

2 Huizingh.E. Open innovation：State of the art and future perspectives[J]. Technovation，2011（1）：2-9.

3 Almirall.E. Open versus closed innovation A model of discovery and divergence[J]. Academy of Management Review，2010（1）：27 -47.

4 Chesbrough.H.W. Open Innovation：The new imperative for creating and profiting from technology[M]. Boston：Harvard Business School Press，2003.

5 Dahlander.L. How open is innovation[J]. Research Policy，2010（6）：699-709.

6 Martin.The benefits of publicly funded research[OL].[2014-11-07] www.erawatch-network.eu/reports/sewp161.pdf.

少新产品的研发周期，提高企业的创新潜力。[1] 在企业利用开放社群知识推动创新方面，则涌现出更多的实践案例，并形成了一些卓有成效的商业模式，其中典型的例子包括宝洁公司利用基于互联网的 InnoCentive 开放创新平台，组织全球数十万研究者一同解决内部员工所遭遇的技术难题；[2] 苹果公司通过构建 App Store 将无数开发者纳入苹果的开发生态体系。

这些事例对于当前区域科技创新服务体系具有很强的借鉴和启示意义：在区域竞争日趋激烈的背景下，中部地区所拥有的知识存量在短时间内还无法和发达的东部沿海地区比肩，那么除了为这些区域企业提供资本、硬件环境的支持，如何将他们特有的知识积累、知识需求与流动的高端智力资源相连接，从而实现对基层企事业单位的实践者、创新者的快速"赋能"，真正实现新知识环境中的"共建""共享""共创""共赢"——这正是科技创新服务体系在开放创新环境中需要解决的问题，也是院士专家工作站在新时代大有作为、大放异彩的机会。

1.2 院士专家工作站的核心要素：专家智力资源

德鲁克在 1994 年曾指出：在一个快速变革的时期，企业保持繁荣发展最好的方式就是创新，创新也是将变革转化为机会的唯一方式。[3] 而在开放式创新环境下，无论是作为管理者、经营者还

1　Benefits to the Private Sector of Open Access to Higher Education and Scholarly Research[OL]. [2014-07-11].

2　杰夫·豪. 众包：大众力量缘何推动商业未来 [M]. 北京：中信出版社，2009.

3　Drucker.P. F.The theory of the business[J]. Harvard Business Review，1994（5）：95—104.

是实践者，如果仍然按照“熊彼特式创新”模式（仅仅聚焦于组织机构内部生产要素重新组合的传统模式）[1]进行创新，很可能造成企业发展过程中的“短视”，从而让企业落入类似 Ansof 和 Mcdonnell 所说的“信息过滤器模式”（企业对技术进步的关注总是局限于习惯领域，对固有领域外的新生长点常常视而不见或无能为力，从而使创新陷入停滞）。[2] 聚焦于企业内部固有知识视野的管理模式很可能会使企业成为开放环境中的孤岛。

图 1-1　2017 年 9 月 18 日，瞿金平院士（左二）、襄阳市副市长李德璋（右三）、襄阳市科协党组书记张智勇（左一）、襄阳市科协主席金崇保（右二）为湖北航鹏化学动力有限公司院士专家工作站揭牌

1　Keld. Laursen. Open for innovation：The role of openness in explaining innovation performance among UK manufacturing firms[J]. Strategic Management Journal，2006，27 (2)：131-150.

2　Ansoff，McDonnwlle.Implantingstrategic management[M]. 2ndeds. Englewood Cliffs. N. J：Prentice Hall，1990.

许多研究者和经营者也意识到：当今时代任何企业无论技术力量多么雄厚，都不可能拥有创新所需要的全部资源与技术，[1] 任何企业都难以将创新活动的整个流程纳入其内部管控机制中去，企业过去那种单打独斗、闭门造车式的创新模式已经难以为继。

在开放式创新环境中，企业的知识来源、知识形态、知识利用方式已经发生了巨大变化，伴随知识内容（Content）变化的是知识使用场景（Context）及使用群体（Community）的变化（这三者可以简称为企业知识的 3C 要素）。在发展企业、服务企业的过程中，不可忽略以下事实：

（1）在知识内容（Content）上，在开放式创新环境下，更为丰富和有价值的知识正在企业边界外部形成。

（2）在知识使用场景（Context）上，在开放式创新环境下，知识加工链和价值链已经贯通了全社会的各类部门和社群，无法再在企业内部进行管控。

（3）在使用群体（Community）上，在开放式创新环境下，所有人都可能是知识的产生者、贡献者、利用者和管理者。

在各类开放性资源要素中，对于快速发展中的企业来说，专家智力资源是最为重要的元素之一。经济学中对于资源的定义，是指为了创造社会财富而可以投入到生产活动中的一切要素，根据资源属性可以划分为自然资源和社会资源两大类。知识资源是社会资源的一种，特别是在知识经济时代，知识资源已经超越土地、能源等，成为一种关键性资源，德鲁克甚至提出知识资源是企业未来

1　Teece. D. J. Technological change and the nature of the firm. Technical Change and Economic Theory[M]. New York : Pinter Publishers，1988 : 256–281.

"唯一有意义的资源"。[1] 而专家智力资源则是一种高层次的知识资源（如图 1-2 所示）。

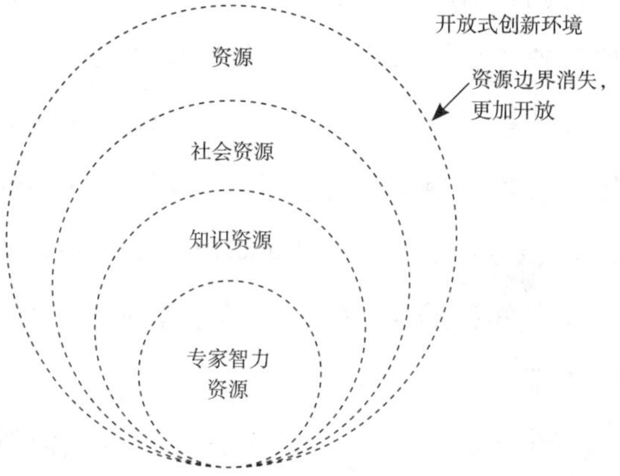

图 1-2　专家智力资源与资源的关系

科技部发布的《中国科技人才发展报告（2014）》[2] 显示，我国已成为第一科技人力资源大国。但与世界科技强国，如美、英、德、日等国相比，我国在创新型科学研究的深度与广度、革命性技术的独创与转化上，都还存在明显差距。其深层次原因是多方面的，而科技队伍建设上存在的人多而不精、量大而不强的薄弱之处是造成上述问题的重要原因。特别是高层次专家群体明显不足，其群体智慧在科技创新规划决策中没有得到充分发挥。综合有关研究，专家智力资源相较于其他类型资源具有如下特点：

（1）专家智力资源是有形资源和无形资源的统一。专家智力资源是智力主体（人）、主体所拥有智力（意识）和智力成果 / 成果载

1　Drucker.P. Post Capitalist Society[M]. New York : Butter Worth Heineman，1993.

2　中华人民共和国科学技术部 . 中国科技人才发展报告（2014）[M]. 科学技术文献出版社，2015.

体（如论文、专利、图书等）的集成（如图 1-3 所示）。[1,2,3] 这要求要针对专家智力资源的有形与无形组成部分，提供相对应的服务支持手段。

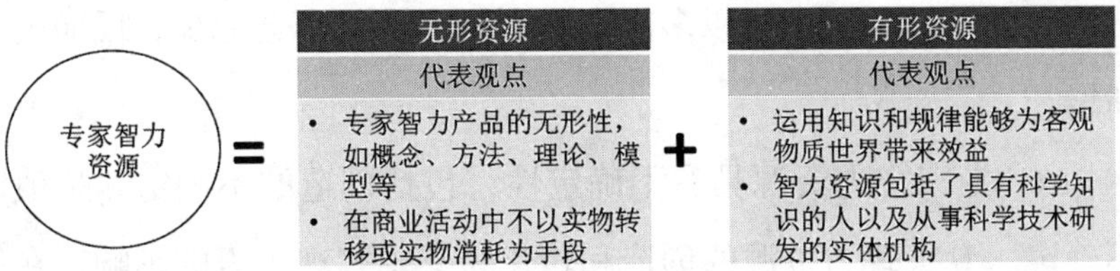

图 1-3 专家智力资源的构成

（2）专家智力资源具有动态性。专家的学识、认知是不断发展进化的，同时专家智力的载体也在不断发展变化升级过程中；此外知识本身的生产过程也是保持更新的，只有通过持续学习交流，智力主体才能提高其智力水平并创造出新的智力成果。

（3）专家智力资源是布局分散与发展协作的统一。专家作为鲜活的个体，不可能像实物一样进行集中的“仓储”，智力资源通常是以分散、流动的形式存在的。与此同时，专家也可以发挥出极大的主观能动性，通过加强智力主体在思想知识层面的交流、共享和协作，发挥出超越物质实体的“1+1>2”的效果。

（4）专家智力资源是独占性和共享性的统一。专家智力资源无形性的重要表现就是高价值的专家知识大多表现为存在于专家头脑和日常经验中“隐性知识”，这也是专家价值和竞争力的主要来源。隐性知识的特性决定了专家个体和专家团体享有对知识“天然”的独占性，但是通过合作、转让、购买等方式和制度安排，不同渠道

1 杜一平，王前，许迎军 . 智力资源基本概念的辨析 [J]. 科技管理研究，2006（12）: 34-36.

2 孙林叶 . 智力资源的内涵及特征 [J]. 生产力研究，2003（04）: 75-76.

3 王刚，李志祥 . 智力资源与企业竞争力提升 [J]. 商业时代，2006（25）: 49-50.

和团队之间仍能够实现专家知识的转移和共享。

（5）专家智力资源具有增长性和重复使用性。智力资源的增长性与其动态性密切相关，知识资源是取之不尽、用之不竭的。智力资源在开发、运用中可以多次重复利用，不仅不会减少，反而会不断增加。

（6）专家智力资源具有不确定性，包括创造的不确定和价值的不确定。专家智力资源的创造和转化易受主客观因素的影响，在创造过程中投入多少时间、精力和财力等都可能无法进行精确估算，而得出的结论也可能会因为时间、地点的变化而变化。此外由于知识资源生产过程的不可重复性、劳动的创造性、劳动消耗缺乏横向的可比性、创新和使用的风险性等特点，使专家智力资源的价值难以评估，同时专家智力资源的价值还会因时空的变化而变化。

图 1-4　刘大响院士（右三）对襄阳市企业进行技术指导

总而言之，专家智力资源是知识资源中关键少数且较为高层次的部分。作为高端智力资源的专家人才，能言人所未言、见人所未见。他们对于科学研究本质的理解达到了一种“通透”的境界，对于学科未来发展有着战略性、前瞻性的眼光，能够站在学科的前沿，凝练根本性的重大科学问题，建立独创性研究体系，开辟新的研究领域，引领学科发展新的方向。他们能够以宏观的国际视野俯视并把握学科全面发展，能够以触类旁通的角度精准指引关键领域突破，能够以“先知先觉”的至上境界预测科技创新的未来生长点，能够以“无与伦比”的学术功底指明科技创新的未来制高点，能够发挥科技创新规划引领作用，能够超前提出科技创新未来的生长点与制高点。2017 年以来，“战略科学家”这一概念在国内科技界和决策层被屡屡提及，他们被认为在科技创新提升国家综合实力进程中发挥了决定性推动作用。[1] 战略科学家特质是高端智力资源的典型代表（如图 1-5 所示），其特点包括了能够带领和影响几代人投身某一领域，引领该领域走在国际的前沿，率领一个学科、一门科学走到时代的前列，促进科技应用与相关产业发展并产生显著效益，对区域科技创新发展发挥重要的推动作用。

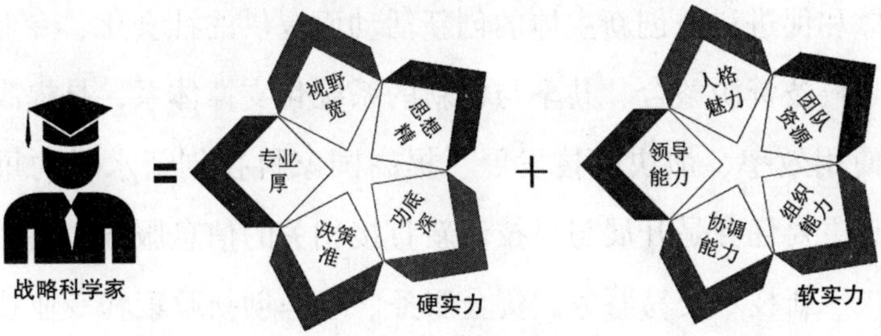

图 1-5　战略科学家特质构成

图 1-5 揭示了战略科学家特质的构成，也可以作为院士专家工作站引进、遴选和评价专家的标准。需要指出的是，在日益健全的

1　科技日报 . 充分发挥战略科学家在国家科技创新规划决策中的引领作用 [EB/OL]. [2018-10-01]. http ://finance.china.com.cn/roll/20160529/3743843.shtml.

知识智力市场中，知识智力需求方（在本课题中表现为地方企业事业单位设站机构）与知识智力供给方（表现为各类院士专家）是平等、对等的关系，设站单位不应为单纯追求数量或影响力而盲目引进高端智力资源，从而造成资源浪费，也需要设立针对人才的进站准入标准。只有供需双方在客观正确评价彼此条件的基础上，才容易形成互信、互利、互补的合作关系。作为中介的科技创新服务机构同样也应把握这一点。因此，有必要对高端智力资源的内涵、特性、标准以及其与本地需求的匹配度有进一步的把握和认定。从而在促进科技应用与相关产业发展和区域科技创新发展等方面，充分发挥专家智力资源的重要作用。

1.3 院士专家工作站的功能定位：科技创新服务

要在科技创新服务体系建设大框架上审视。科技创新服务是指为支撑和促进科技创新主体的创新活动而提供的社会化、专业化服务，是科技资源整合、共享与创新的系统化支撑体系，是提高科技资源使用效率、加快科技发展、提高国家科技创新水平的重要手段。其主要任务是开展与科技创新直接相关的信息服务、技术开发与推广、新技术交易服务、资金服务、组织创新政策和专业技术培训及其他专业化服务。这些服务能够有效降低创新成本、化解创新风险、加快科技成果转化、提高整体创新功效，对各类型创新主体与市场之间的知识流动和技术转移发挥着关键性的促进作用。

科技创新服务按功能点大体上可划分为五类（如图 1-7 所示）：①信息咨询服务，包括技术信息和工程技术咨询服务中心、企业技术诊断所、专家咨询思想库等；②成果转移服务，包括技术、知识产权交易机构、生产力促进中心、科技示范服务中心、工程研究中心等；③投融资服务，包括科技投资信托公司、科技风险投资咨询公司，科技创业投资担保公司等；④法律监督服务，包括科技法律事务所、专利事务所、知识产权评估中心和科技评估中心等；⑤企业孵化服务，包括企业孵化器和技术创业服务中心等。

图 1-6 中国科协学会服务中心纪委书记冯继谦（左）、时任襄阳市政府副市长李诗（右）为“天合科技成果转化襄阳分中心”揭牌

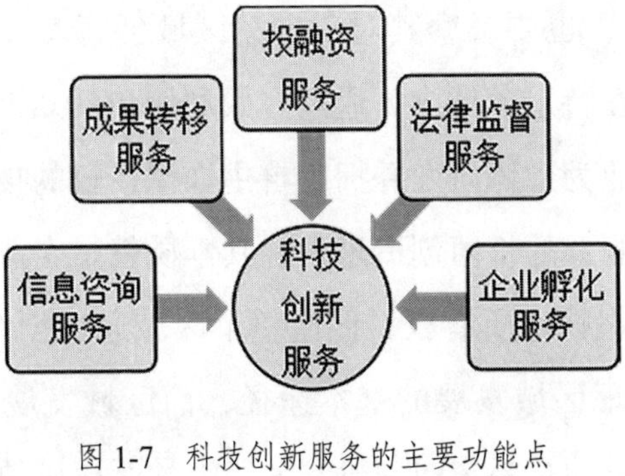

图 1-7 科技创新服务的主要功能点

具体到襄阳市的院士专家工作站建设发展，要以实现其科技创新服务功能为导向，但并不意味着一家院士专家工作站要实现科技创新服务的所有功能，而是需要发挥区域内不同工作站之间的集群效应和互补关系。作为院士专家工作站的管理和服务部门，可以结合本地实际，设计院士专家工作站的“功能清单”，首先罗列呈现所有需要实现的功能，继而在基层工作站参与共商下进行“功能指派”“功能认领”与“功能匹配”。

1.4 院士专家工作站的作用机制：区域创新发展

院士专家工作站的作用可以归纳为“引擎”与“引信”，即院士专家工作站需要牵引所在机构和驱动一定区域内行业、产业乃至整体经济社会环境的发展，这是一种长期效应；同时院士专家工作站需要能够快速“激活”和“引爆”所在区域的创新潜力与活力，相较于投入基础教育资源和引入一般性人力资源，专家智力资源的引进要在短期内在区域发展指标上显现出一定成效。

因此，在衡量院士专家工作站的效能时，不仅要看工作站本身的“直接产出”，也要考察其对于推动区域创新发展的贡献。区域创新主要是指在特定区域内，通过有效利用包括知识资源在内的各种资源，在企业为主体研发并拥有自主知识产权的技术基础上，实现新产品或新服务的价值创造过程，其本质就是企业把握创新环节的主动权并掌握技术所有权，促使整个区域通过创新实现的发展。区域创新是实现区域发展的基本途径，而区域发展是区域创新的最终目标和产生的结果。同一般发展经济学所探讨的区域发展模式类似，区域创新发展也存在不同的模式，一般包括自主创新发展模式、模仿创新发展模式和合作创新发展模式三种 。

党的十九大明确提出了坚定实施创新驱动发展战略，加快建设创新型国家，其目的是转变不健康和不持续的经济发展方式，把创新作为驱动经济社会发展的新引擎，以此实现综合国力的稳定提升。而区域作为国家经济发展的主战场，承担着落实创新驱动发展战略的重要使命。

依据 OECD《国家创新系统的报告》，在区域创新系统内，企业、政府、科研机构、高等院校与中介机构之间存在着知识流动（如图 1-8 所示），其中企业承担了区域创新发展过程的核心，高校和科研院所是创新的源泉，政府是创新活动的支持者和引导者，而科技创新服务中介承担了企业与研究 / 教育机构以及政府等主体之间的桥梁和纽带的角色，是区域创新发展系统中必不可少的关键环节。由这些主体所构成的区域性组织体系和网络与区域创新环境有效叠加，便构成了区域创新系统，形成了区域创新能力。

这对于院士专家工作站的启示是：工作站所代表的科技创新服务机制，是区域创新系统中的重要组成部分，应发挥好其中介作

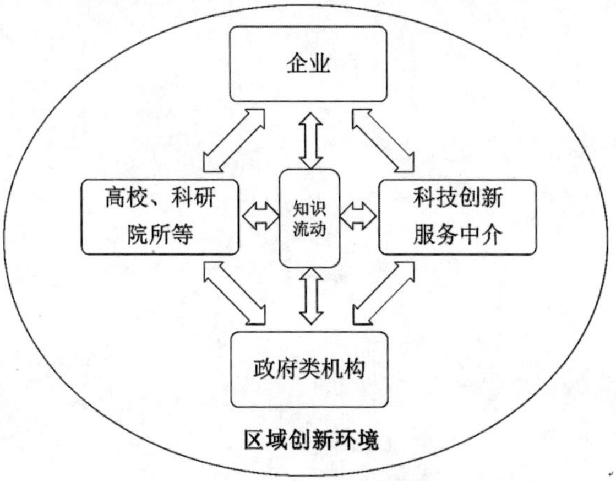

图 1-8　区域创新环境组成

用，通过健全政府手段、市场手段、社会手段等知识资源配置机制，降低知识流动门槛，提高知识流通速率，有效匹配知识供需，从而实现区域创新发展。

第二章 经验篇

科技创新服务体系引入高端智力资源实践

本章主要从全球科技创新服务、国内发达地区科技创新服务、院士专家工作站三个层次揭示了来自科技创新服务实践领域的先进经验，为院士专家工作站的建设发展提供参考。本章首先介绍了美国、日本、德国、英国、欧盟等国家和地区的科技创新服务实践，同时考虑到东亚地区在区域环境、发展轨迹、文化传统、人才观念的相似性，特别分析了日本筑波模式、中国台湾新竹模式、新加坡裕廊模式中关于高端智力资源引进和管理的经验与教训；分析了北京中关村、上海张江、武汉东湖三地的科技创新服务经验。最后落脚于院士专家工作站，认为工作站是产学研合作的重要形式，选择了浙江省、沈阳市、海淀区、学协会四个不同维度的院士专家工作站案例进行了分析。

2.1 全球发达国家科技创新服务实践

综合美国、日本、德国、英国、欧盟等发达国家和经济体的科技创新服务实践，可以将其总结为以下工作模式：

美国：①以政府组织为主导的科技创新服务组织，典型的如美国中小企业管理局（Small Business Administration，简称 SBA）于 1958 年被美国国会确定为“永久性联邦机构”，为中小企业提供资金支持、技术援助、政府采购、紧急救助、市场开拓（特别是国际市场）等全方位、专业化的服务；[1] 再如美国科学促进会（American Association for the Advancement of Science，简称 AAAS）长期受到美国联邦基金资助，其使命也包括加强对科技企业的支持。[2] ②高科技企业孵化器，主要通过提供全面有效的服务（见表 2-1），为高科技企业提供一个良好的环境。美国专门成立孵化器协会（National Business Incubation Association），其建立孵化器的目标是发展经济，促进经济多元化和研究商品化，同时实现技术转移和地方振兴，并使孵化器自身获得营利。[3] ③特定领域的专业服务机构。④大学里的技术转移办公室，其主要工作是将大学里的技术成果转移给合适的企业，同时把社会、产业界的需求信息反馈到大学，推动

1 赛迪智库中小企业研究所 . 美国中小企业公共服务平台的成功经验及启示 [J]. 现代产业研究，2013（5）: 76-80.

2 世界上最大的综合性科学团体——美国科学促进会 [J]. 科技导报，2009（2）: 111.

3 夏溦 . 美国孵化器之鉴 [J]. 新经济导刊，2014（12）: 63-66.

大学与企业的合作。

表 2-1　美国高科技企业孵化器的主要服务

• 基础性、行政性服务，如场地出租、文秘的服务 • 金融服务 • 咨询和培训服务 • 建立网络服务

日本：①大型咨询科技服务机构，主要为日本外资企业及银行提供咨询服务。②政府委托的服务机构，主要为日本中小型企业提供全方位的科技服务，以及承担政府专项拨款、组织有关资格考试认证等。③民间的科技服务机构，主要为科技企业提供多层次的服务。④科技孵化器，主要通过其与科研机构合作，不仅把科研机构研发的技术成果转移给适合的企业，而且同时把社会、产业界的需求信息反馈到科研机构。⑤技术交易市场。

德国：由行业协会和技术转移中心两大体系组成，其中，行业协会十分活跃，且形式多样，主要包括雇主协会、专业协会和工商协会三类，服务内容主要体现在信息、咨询和职业教育三个方面。技术转移中心与创新基地、工商协会等互相协同，构成完整的区域性创新网络。

英国：①科技园区型服务机构，如久负盛名的剑桥科技园。②专业协会型服务机构，如英国咨询工程师协会（ACE）。③慈善型服务机构，不以营利为目的。④营利性的私人服务公司，如英国技术集团（BTG），作为国际权威的专门以风险投资方式支持创新活动的技术贸易机构，很好地实现了利用国际技术成果，形成了促进技术产品的开发→推广→转移→再开发→再投资的完整链条。[1]

1　全球知名技术交易平台和技术转移机构介绍 [J]. 中国高新区，2010（7）：40-42.

欧盟：欧盟创新驿站（Innovation Relay Centre，简称IRC）是欧盟重要的科技中介服务设置（见表2-2），旨在促进欧盟跨国的中小企业技术转移与技术创新合作，在帮助欧洲企业实现技术需求与技术供给进行匹配的过程中起到了重要的中介作用。[1] 创新驿站的服务步骤也是值得借鉴的，主要包括了走访企业、识别技术需求或技术潜力、寻找合作者、提供进一步的支持和意见、帮助签订合同等五个步骤。[2]

表2-2　欧盟创新驿站提供的主要中介服务

• 在创新、技术转移和成果开发方面提供咨询 • 对区域的科技需求做出分析 • 根据企业的需求提供有关信息 • 通过中心网络帮助寻找合作伙伴 • 提供欧盟和当地驿站有关促进研究成果开发和技术转移的资金支持方面的信息 • 提供研究成果开发和技术转移的培训 • 向企业提供欧盟框架计划的有关信息、帮助设计项目申请书、提供知识产权方面的帮助等

2.2 东亚地区科技创新服务模式比较

考虑到东亚地区历来有重视人才的传统，在全球化背景下东亚地区参与全球竞争角逐、实现现代化的关键也在于人才，[3] 本研究选择了筑波模式、新竹模式与裕廊模式作为横向比较研究的对象，

1　李纪珍，闫立罡．欧盟创新驿站网络对中国科技中介机构发展的启示[J].科技政策与管理，2006（5）：36-40.

2　O. E. Hansen，B. Sondergard，S. Meredith. Environmental Innovations in Small and Medium Sized Enterprises[J].Technology Analysis and Strategic Management，2002，14（1）：37-56.

3　刘彦，李毅红．全球化与东亚地区经济发展的人才对策[J].科学学与科学技术管理，2002（12）：78-82.

特别注意考察其对于高端智力资源的引进举措和成效。

（1）日本筑波模式：筑波科学城是日本政府在20世纪60年代为实现“技术立国”而建立的科学工业园区。筑波模式从规划到建设再到发展全程具有强烈的政府主导特色。其创立之初就被赋予实现国家技术创新的使命，而且最初的创新主体就是国家级的科研机构，[1]大量的国家级研究机构和教育机构按照政府规划被迁入筑波。正是这种政府主导模式，表现出了正反两个方面的效果。一方面，政府主导使筑波园区具有国家层面政策支持，拥有明确的发展目标（即成为全日本的科研中心，成为功能齐全自成体系的中心城市、与周边自然和乡村环境共存的生态模范城市、融合科技经济生态于一体的区域中心），而且筑波的发展也在一定程度上实现了这一目标，成为日本著名的知识密集型城市。[2]但是另一方面，行政主导也暴露出一些弊端，诸如：①由于政府主导色彩浓厚，市场因素不够活跃，导致一定时期内科研成果产业化、商业化程度低。②政府的传统官僚机制导致科技开发机制落后，科研人员缺少激励。③官僚作风有碍于健康的园区文化形成。

特别是在高端智力资源引进方面，在筑波科学城规划建设阶段强调引进科研机构与人才，但是在科学城建成后很长一段时间有意愿前往筑波的人才并不多，因为很多政府职员和专业人员不愿抛弃他们在大城市（东京）已有的住房，他们的孩子不愿意离开大城市上学，由于政府计划色彩过重，忽视了社会与市场的作用，使得筑

1 白雪洁，庞瑞芝，王迎军 . 论日本筑波科学城的再创发展对我国高新区的启示 [J]. 中国科技论坛，2008（9）：135-139.

2 马永斌等 . 科学园区大学主导与政府主导模式的利弊分析——基于剑桥科学园与筑波科学城的对比 [J]. 科技管理研究，2010（6）：32-34.

波科学城曾被略带讽刺地称之为“科学乌托邦”，成为一个不太成功的模式。[1]但是，随着21世纪以来筑波园区的“二次创业”和“再创发展”，在一系列制度改进的推动下（见表2-3），筑波模式也呈现出再次振兴的势头。这是国内发展到一定基础的科技创新服务平台与业态值得学习和借鉴的。

表2-3 筑波模式再创发展的主要举措

• 制度变革，削弱原有国有研究机构惰性 • 更加顺畅地连接科学研究、技术创新、成果转化、商业应用 • 与产业、城市、居民建立更紧密的联系，走出“科学乌托邦” • 加强国际学术交流活动，促进知识开放流动 • 促进知识披露和知识开放，提供知识公共产品，反馈社会 • 完善自然舒适、和谐现代的城市建设，提升城市人性化水平和人气

（2）中国台湾新竹模式：台湾地区新竹科学园区又被誉为“台湾硅谷”，创设于1980年，在昔日的埤塘、茶园的基础上发展成为亚洲地区最为成功的科学园区之一，也对加快台湾地业产业结构转型升级起到了重要推动作用。[2]

和筑波模式相比，新竹模式表现出较强的产业主导特征。例如集成电路产业占新竹园区总产值的近7成（这与襄阳地区围绕汽车制造产业展开产业布局比较类似），这使新竹成为世界半导体产业研发重镇和全球产业分工枢纽。

在引进和接收高端智力资源方面，新竹经验同样值得借鉴。新竹的关键成功因素之一得益于庞大的学研支持体系：[3]①首先借助地理区位优势，新竹园区接壤附近的“国立”清华大学、交通大

1 钟坚．日本筑波科学城发展模式分析[J]．世界经济，2001（9）：31-34.
2 张国安．高新科技园区聚变效应的模式研究[J]．中国软科学，2007（7）：176-186.
3 苏友珊．台湾产业集群之源起与演进[J]．科学学研究，2014，32（1）：14-23.

学、“中科院”、工业技术研究院等，这些高等院校和科研机构为园区提供了丰沛的人力资源、在职训练和合作研究资源。据统计，新竹交通大学每年有 35% ～ 40% 的毕业生选择留在新竹园区从事技术研发工作，而交大校友在其中担任高层主管的比例更高达 60% ～ 70%。[1] 特别值得注意的是，园区与学研机构进行技术合作可以使企业有更多的机会招募学校优秀的研发人才，同时也可以使企业内部的人员得到再次进修的机会，藉此提升企业的研发人力水平。园区的企业职工随时与交通大学的师生交流，园区企业与学研机构已经由过去的“赞助”关系变为“伙伴”关系，这种水平式的合作关系，可以改善企业的科技水平，激发企业员工新的设计创意。科研院所与企业、政府、服务中介一道构成了立体的区域创新生态。②重视优秀人才的引进和引领。在新竹园区建设早期，就发挥了留学生的桥梁与中介作用，将异域先进文化与本地传统文化的双重影响相结合。[2] 园区 4000 多位留学人员回归创业带来的先进技术和管理经验带动了台湾高科技产业的整体发展。[3] 在扶持性政策和市场的刺激下，大批优秀人才入驻园区。仅在 2011 年，新竹返台留学人员创办企业 95 家，相当于每 5 家就有 1 家由留学人员创办。③重视产城融合和人居环境塑造。如果一个区域的产业功能与城市功能脱节，必然使园区陷入“产业孤岛”窘境，从而无法集聚高端人才。例如新竹园区为了吸引并留住人才，在园区内引入了教育、

1 李燕萍等 . 基于企业创新主导的区域创新体系及其要素协同 [J]. 科技进步与对策，2014，31（13）：54-58.

2 李晔，王舜 . 台湾新竹科学工业园区的发展模式及启示 [J]. 科学源管理研究，2006，24（3）：118-120.

3 高运胜等 . 三螺旋结构下台湾政产学合作模式分析——以新竹科学园区为例，2013（6）：109-113.

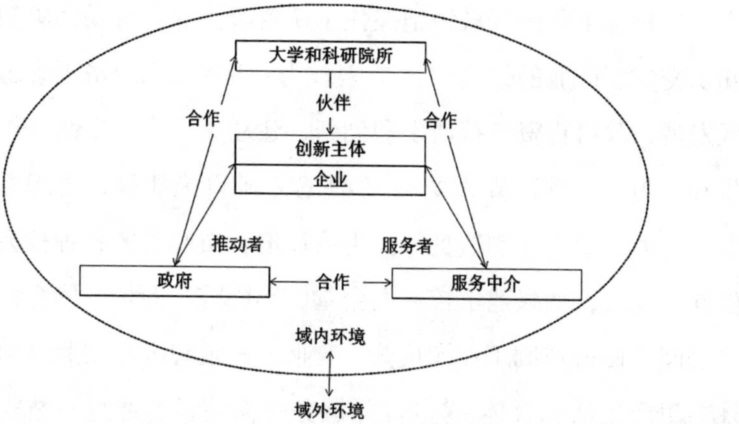

图 2-1　新竹模式的创新生态

医疗、社会保障等公共资源和服务，以解决人才引进后的后顾之忧，不仅重视生产空间“量”的扩张，而且重视生产、生活、生态一体化发展，致力于花园式的研发、生产与生活空间的塑造，并且注重培育园区特有的社会人文气息，举办各种富有地方特色的文化节，从而增强人才对本地的认同感，最终更好地服务于园区的发展（如图 2-1 所示）。[1]

（3）新加坡裕廊模式：裕廊工业区启动于 20 世纪 60 年代，现已成为城市国家新加坡最大的现代化工业基地。与筑波模式、新竹模式相比，裕廊模式更侧重于在已有工业基础上实现升级，是亚洲地区工业开发区中的一个典型成功案例，因此也对襄阳制造业的科技创新服务体系建设具有重要借鉴意义。

裕廊模式转型升级的关键要素就在于知识。在早期，裕廊工业园区起步于石油冶炼和石化工业，并形成了化工簇群。[2] 而在世纪

1　林利剑等 . 世界一流科学园产城融合的分异、趋同及其启示——以硅谷与新竹科学工业园为例 [J]. 科技管理研究，2014（8）：33-37.

2　丁志军 . 新加坡裕廊岛工业园成功因素分析 [J]. 东方企业文化，2011（23）：80-81.

之交，裕廊工业园区敏锐把握住了从资源主导、劳动密集型产业向知识密集型产业的过渡，[1] 主要表现为：①将知识经济理念融合到园区发展，政府投资支持研发和创新，建立集工作、生活、休闲、娱乐和学习于一体的知识城。[2] ②注意基础设施建设，生产生活同步发展。为了给人才创造良好的生活环境，裕廊岛的各种社会服务设施同步发展，如兴建学校、大会堂、影剧院、商场、体育馆以及各式公园，使得裕廊工业园成为“工业区 + 旅游区”“花园工业镇”和社会生产生活综合体。[3] ③注重服务体系建设，通过一站式服务中心减少官僚主义以及繁冗的文件处理工作，实现与客户便捷的商务交往，为客户节约时间和金钱。

2.3 国内发达地区科技创新服务实践

研究选取了北京中关村、上海张江、武汉东湖三个区域的样本来重点分析地区科技创新服务中人才工作和高端智力资源管理的先进经验。

（1）中关村模式：早在 2011 年，15 家中央和国家部委协同北京市联合印发了《关于中关村国家资助创新示范区建设人才特区的若干意见》，其目标就是面向以海外高端人才为代表的国家发展所特需的各类人才，建设人才智力高度密集、体制机制真正创新、科技创新高度活跃、新兴产业高速发展的国家级人才特区（有关人才特

1　刘友建 . 新加坡开放裕廊工业区的经验以及对我国的借鉴 [J]. 中国商贸，2013（19）：1818-183.

2　宋振庆 . 新加坡裕廊之道 [N]. 中国房地产报，2014 年 3 月 10 日：B3 版 .

3　田伯平 . 新加坡开发裕廊工业区的经验与借鉴 [J]. 国外社会科学情况，1994（6）：1-4.

区内涵的解释见表 2-4）。中关村的人才特区模式关注高端智力资源的作用，可以为襄阳提供直接参考。

表 2-4　人才特区内涵

人才特区：通过在特定区域，实行特殊政策、构建特殊机制、搭建特殊平台，率先在经济社会发展全局中确立人才优先发展战略布局，依靠科技人才优势，推动经济发展方式转变，走出一条创新驱动的科学发展道路

中关村的特点在于依托了中关村科技园区，是第一个国家级高新技术产业开发区，经过 30 多年的发展，已经具有了雄厚的积累，先天和后天的优势都很明显，并形成具备科技人才循环、知识技能流动、各类信息传递功能的人才生态系统。可以说集政策、市场、区位优势于一身的中关村模式是目前国内高端人才管理与服务的最高标准，其主要措施包括了：①实施开放的外籍人才引进政策。②探索人才评价机制的改革试点，开展人才职称评审改革，依托社会化职称评价平台，率先开通教授级高级工程师和研究员系列职称评审“直通车”，使人才评价更具科学性、针对性。③实行市场导向的人才激励机制，开展股权激励试点。[1]综合有关研究与实践，我们将中关村模式中人才工作要点归纳如表 2-5 所示。

表 2-5　中关村模式主要措施

内容	措施
实现高端人才集聚	• 通过“千人计划”、“海聚工程”（面向海外人才）、“高聚工程”（面向高端领军人才）吸引和集聚高层次人才
优化人才创业环境	• 开通绿色服务通道，提供专员制服务，建立全方位服务体系 • 培育创新文化激发创新活力，培育创新孵化器 • 构建多层次人才培训体系 • 推动青年创业、大学生创业、海归创业

1　打造中关村人才“硅谷”[N]. 光明日报，2016 年 5 月 7 日：06 版 .

续表

内容	措施
构建人才政策体系	• 搭建首都创新资源平台 • 科技成果处置权和收益权改革 • 股权激励个人所得税改革 • 股权激励试点方案审批 • 科研经费分配管理体制改革 • 建立统一监管下的全国场外交易市场 • 制定创业投资和专利保护政策 • 鼓励企业、高校、科研院所之间的合作与交流
创新人才使用机制，进一步完善人才发展机制	人才特区建设之初更多体现人才引进政策，随着人才特区向纵深发展，人才政策应从重“吸引”到“引”“用”并举，提高人才的使用效力

（2）张江模式：2016 年国家批复建设上海张江综合性国家科学中心，与中关村模式相比，张江模式立足于科学城的定位，更注重国际视野和科学基础。在张江科学城建设过程中，视人才为最宝贵的资源，而且“不唯学历资历国籍求贤”，体现出更加开放的态度，充分尊重人才、尊重市场，用市场化的角度、企业家的眼光评价人才。[1]

此外，张江模式同样体现出了在知识经济时代对知识的关注，而知识的载体是人，建设“知识城”“科学城”，关键在于提高“人”的满足感、获得感。张江科学城定位于转型发展成为中国乃至全球新知识、新技术的创造之地，新产业培育之地，而其基础性工作就是推动科研要素更集聚、创新创业更活跃、生活服务更完善、交通出行更便捷、生态环境更优美、文化氛围更浓厚。

由此可见，张江模式的发展思路与发展路径与筑波模式、裕廊模式都有相似之处。与筑波一样，张江在很长一段时间内，也是产

1 张江启动人才计划 [N]. 解放日报，2017 年 7 月 29 日：02 版 .

业用地占比较高，而城市功能落后，居住与工作空间分离，缺乏住宅、商业、问题、医疗、教育等配套设施。[1]而在开展新时代的张江科学城人才规划布局时，张江模式开始重视“人”的角度，把人作为科学城的主体，区域的基础设施和服务设施都要围绕人的需求展开，例如在城市规划中搭建科技平台、商务平台和生活平台，通过商务、研发、产业和生活等主导功能，提升商业和居住社区的能级与水平，打造集一流办公研发环境、商业商务环境、人文生活环境和创新发展环境为一体的产业社区。

（3）东湖模式：武汉作为中国三大教科中心之一，具有丰富的人力资源、雄厚的科研实力、良好的产业基础和商贸条件，作为湖北省会，在全国27个省会城市2016年度“强势指数”中排名第三。2009年国家批复武汉建设东湖国家级自主创新示范区，成为我国中部地区的创新高地。在上述各个区域模式中，东湖模式所在的武汉与襄阳在行政区划、自然地理等各个方面都最为接近，襄阳也处在东湖高新区的辐射范围内，这可以为襄阳提供最直接的参考与对接作用。

在高端人才集聚方面，东湖地区本身就是中国第二大智力密集区，域内聚集了79所高等院校、56所国家和省部级科研院所、58名两院院士、20多万名各类专业人才和80多万名大学生，凝聚了一批具有国际竞争力的科技企业家和学习创新型人才，为东湖高新技术开发区的持续发展奠定了强大的智力基础。[2]尽管有上述良好条件，但是相比北京、上海以及东南沿海城市，在过去一段时期内

1 从人的角度布局张江科学中心 [N]. 解放日报，2017年3月8日：02版.

2 罗芳等. 自主创新示范区创新能力对经济增长的实证研究——以武汉东湖自主创新示范区为例 [J]. 科技和产业，2016，16（9）：87-93.

东湖高新区也表现出一些不足，例如：①科技创新型人才（特别是高层次领军人才）总量不足，高端技术创新人才储备不足。②面对长三角、珠三角的人才竞争，产业技能型人才、生产性服务人才较为匮乏，无法满足域内市场旺盛的需求。③兼具专业技术水平素养和管理能力的“两栖”人才不足。④人才流失较为严重，由于过去一段时期北上广对高端人才的吸引力远远大于武汉，使得武汉成为创新型人才流失的重灾区。

针对上述问题和局限，武汉东湖也实施了全面系统的人才工程，本研究将其主要措施整理如表 2-6 所示。

表 2-6　东湖模式主要举措

内容	举措
3551人才计划	以高新技术产业化为主题，以海外高层次人才为重点，以企业为载体，在光电子信息等 5 大重点产业领域，引进和培养 50 名左右掌握国际领先技术、引领产业发展的领军人才，1000 名左右在新兴产业领域内从事科技创新、成果转化、科技创业的高层次人才。2012 年后，已成为东湖高新区常态性引才计划
城市合伙人计划	从“合伙人”的概念出发，将合伙人制度提升到城市发展和治理层面，把决定城市未来发展的产业领军人才、青年创新创业人才、创业投资人等作为城市的合伙人，在共同愿景下结成奋斗共同体和命运共同体，共同实现合伙人的事业梦和城市复兴梦
柔性引才机制	企业以使用人才为中心，不以人才归企业所有为目的，而把使用人才放在第一位，即追求“用人不养人”，保持原有人才的单位关系、工作职务，通过项目合作、技术攻关、咨询顾问等各种方式引入人才的智能，并与原有企业的资源相结合，从而为企业创造最大价值。如： • 建立博士后流动站 • 人力资本入股 • 实行弹性工作实践 • 为人才创新提供充足空间

续表

内容	举措
加快高端人才、紧缺人才引进	● 全方位拓宽人才渠道，创新人才招聘方式，将“招商”与“引才”结合 ● 全球引才，积极组织企业赴国内外知名大学科研机构进行人才招聘，重点引进产业急需的掌握国际领先技术、引领产业发展的科技领军人才 ● 定向引进，对部分产业急需的高端创新人才、高级管理人才、高技能型人才进行定向引进，对科技型中小企业投入资金挖掘人才给予定向补贴，对于掌握产业核心环节和共性关键技术的高端人才，给予“一人一策”
优化高校人才培养模式	● 建立校企联合人才培养长效机制 ● 企业与地方院校共建培养基地和合作平台 ● 订单式培养 ● 提高高校课程与产业发展需要二者之间的契合度
优化企业人才培养模式	● 重视企业内部培养 ● 鼓励企业提高人才培养经费投入 ● 建设企业智库

2.4 院士专家工作站建设与服务实践

以上主要从宏观和中观的层面介绍了全球发达地区和国内发达地区在科技创新服务体系中引入高端智力资源的经验，为研究的观察提供了全球视角。接下来将具体就具有中国特色的院士专家工作站实践经验进行分析。

首先需要指出院士专家工作站是产学研合作的一种表现形式。所谓产学研合作，是指产业界、高等院校和科研院所之间相互配合，主要以联合研发项目和课题为纽带，形成强大的研究、开发、生产一体化系统，是一种集人才、资金、技术、装备、仪器于一体的“软性技术重组”。[1]产学研合作实现了基础研究、试验研制、成果推广、生产加工、市场销售等多个相互衔接的不同阶段,[2]是研究领域与市场领域对接的有效途径。产学研合作模式最早诞生于20世纪初的美国教育界,1906年美国辛辛那提大学提出了“校企合作、产学结合”的合作模式,[3]经过100多年的发展，产学研合作模式在中国也落地开花结果，并形成具有中国特色的模式。

产学研合作具有多种模式，例如中国科协系统在新时期主要打造了“企业—社团合作创新”“院士专家工作站”“参与国家自然科学基金”三种模式。[4]有学者将我国产学研合作模式的具体形态进行了系统梳理（如图2-2所示），可以发现每一种形态都和院士专家工作站有交集。

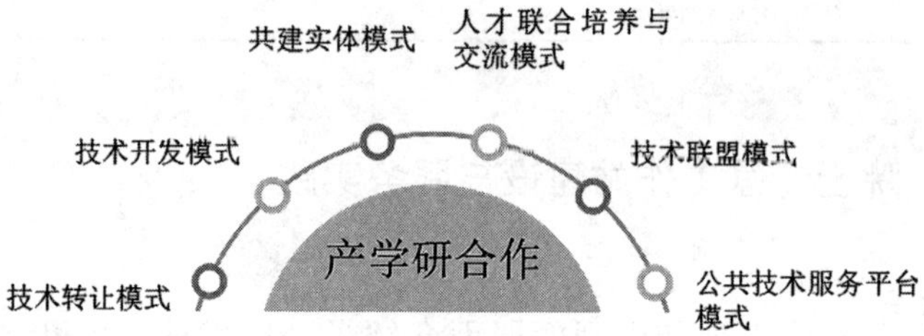

图2-2　产学研合作形态

院士专家工作站探索了新型产学研合作机制，与以往单项咨询合作的对接形式不同，院士专家工作站不仅对接高层次知识源，而且具有稳固的对接机制。院士专家可以为企业事业单位带来最新科

1　徐敏.自主创新与产学研合作的研究[J].现代管理科学，2007（7）：78-79.

2　戚敏.产学研合作与科研创新模式的研究[J].学会，2010（12）：32-35.

3　王海军等.组织学习与模块化嵌入的产学研合作联盟研究[J].科技进步与对策，2017，24（17）：55-63.

4　戚敏.产学研合作与科研创新模式的研究[J].学会，2010（12）：32-35.

研成果，并站在学科前沿进行技术指导。

经过系统梳理遴选关于国内院士专家工作站建设与服务实践的案例报道，本研究从时间、空间、管理层次等三个维度挑选了浙江省、（辽宁）沈阳市、（北京）海淀区以及学协会四个有代表性的样本，对推进院士专家工作站的有关经验进行了分析。

（1）沈阳市院士专家工作站——中国最早的院士专家工作站发展情况

2003 年，中国第一家院士专家工作站在沈阳建立。与襄阳相似，沈阳也是在一定工业基础之上以建设装备制造业基地为目标，因此观察沈阳市的院士专家工作站发展情况能够从历史事件维度为研究提供参考。沈阳是科协组织“讲、比”活动的发源地，15 年来，作为院士专家工作站建设先行者，也取得了大量成果。本研究经过整理，将沈阳市院士专家工作站的发展经验整理如表 2-7 所示。

表 2-7　院士专家工作站发展的沈阳经验

内容	举措
引入高端智力资源，推动创新要素向企业集聚	• 以需求为导向，精心挑选合作项目 • 以项目为纽带，积极开展技术对接 • 以需求为重点，大力营造创新氛围 • 以科协为依托，不断完善服务体系
构建分层次专家服务企业创新模式，突破简短领域技术难题	• 请院士专家把关定向，发挥院士专家工作站在企业科技创新决策中的主导和引领作用 • 院士引领专家团队进入企业科研生产一线，直接带动产学研结合 • 专家提供指导，突破技术难题 • 为企业培养创新人才，增强企业自主研发实力
抓住重点合作项目主线，开展合作	• 以重点项目为龙头，请院士专家实施攻关指导 • 以学科建设为主线，开展学术交流活动带动学科发展 • 以重大课题为牵引，开展决策咨询论证 • 以重点实验室建设为依托，开展项目引进和研发

（2）浙江省院士专家工作站——国内院士专家工作站的最佳省域实践

浙江省是国内院士专家工作站建设发展经验最为丰富的省份，经过多年发展，浙江省已经形成了省市县多级联动，企业与高校、科研院所、地方政府、科技社团协同建设的大联合、大协作机制，被誉为院士专家工作站的“浙江现象”。在取得成效上，院士专家工作站已经成为浙江省柔性集聚高端智力资源的重要载体，成为企业技术创新的有效平台、浙江省经济转型升级的强有力科技支撑。截至 2016 年底，浙江全省已经建立市级以上院士专家工作站 607 家，签约建站院士 345 位。

在发展院士专家工作站时，浙江省首先对自身条件和供需状况有客观认识：浙江院士素有“一多一少”现象，浙江省盛产院士，被誉为“院士的摇篮”，225 名浙江籍两院院士名列全国第二，但是在一段时期内，实际在浙院士只有 34 人，名列全国第九。因此在浙院士相对于浙江省庞大的创新发展需求还是相对稀缺的资源。为此，浙江省提出依托工作站平台实施“院士智力集聚工程”，并与“浙商回归工程”相互衔接。

“浙江经验”在全国范围内都具有一定的示范意义和推广作用，根据有关案例报道，可以将浙江建站经验予以归纳（见表 2-8）。

（3）北京市海淀区院士专家工作站——面向一线的基层管理实践

北京的院士数量占到全国总数的 60%，开展院士专家工作站具有得天独厚的优势。海淀区拥有院士 523 名，占到北京院士总数的 80%，全国院士总数的 36%，这种院士资源优势在全国范围内绝无仅有且无法复制。同时海淀区也是中关村的所在地，高新技术企业

表 2-8　院士专家工作站发展的浙江经验

内容	举措
集聚一流创新人才嵌入企业创新团队，形成开放式协同创新服务体系	• 依托院士专家高端、战略、前沿的独特优势和科技资源优势，集聚国内高校、科研院所一流创新团队资源，统筹企业内部各层级创新力量，基于内生驱动的企业与院士团队双向有效需求的紧密结合
基层探索与顶层设计有机结合，形成多方合力推进工作机制	• 针对民营企业转型升级对科技创新需求旺盛的现状，在认真总结各地科协开展的院士专家地方行、乡籍院士联谊会、院士专家工作站会、院士专家企业行等创新实践基础上，积极争取组织科技、人才、教育、财政、经济等部门的支持，引导全省工作站建设"自下而上"的企业需求带动型自发建站模式，丰富发展为"自下而上"企业需求驱动与"自上而下"顶层设计相结合的建站模式，形成了横向联动、上下互动的合力推进机制 • 在工作方式上，集聚了科技、人才、教育、财政、经济、科协等部门优势，通过"大联合、大协作"加强支持和协调 • 在制度建设上，从开始的管理办法到建立完善的评审制度和绩效考核办法，根据工作的进展和站点的发展同步进行制度的规范化建设 • 在机构保障上，从开始的协调小组办公室临时机构到成立专门的事业单位，使院士专家工作站建设的日常管理服务经常化
依托科协组织成立工作站服务机构，为院士专家、企业和工作站提供系统化服务	• 充分发挥科协的组织优势和人才荟萃的优势，积极开展院士专家的联络沟通和企业建站前、中、后期的系统化服务 • 把工作站建设作为科协组织围绕党政中心工作服务经济建设的一项长期的重要工作来抓，做到长远规划、整体布局，保障工作站建设的持续有效 • 正视科协组织作为群团相对于政府部门的劣势，围绕党委政府的中心工作，主动贴近，主动出击，争取党委政府领导的重视和各部门的支持

林立，这对科技创新服务职能部门对接产学研资源与需求提出了很大挑战。

北京市和海淀区的科协部门首先对自身的使命和职责有着清晰的认识，特别是从企业的不足和弱项中寻找服务的切入点。比如企业虽然是创新主体，但是和发达国家相比我国企业的创新能力和创新动力特别是创新人才还存在不足。而从科协的定位职能来看，在推动国家自主创新进程中科协有责任有义务通过建立院士专家工作站帮助企业弥补自身不足。

依托首都丰富的院士专家资源，北京在推进院士专家工作站的工作中形成了自身的特点，坚持“需求为基础，项目为核心，企业为主体，实效为根本”的基本原则，在深入了解企业技术创新需求，特别是国有大中型企业创新需求的基础上，有针对性地将院士专家等高端人才引入企业和园区，建立院士专家工作站，使院士专家成为企业发展战略的咨询者、技术创新的引领者、科技攻关的领导者、创新团队的培育者、创新资源的集聚者、技术需求的对接者、产学研合作的推动者，从而“零距离”为企业提供高端服务。

具体到海淀区中关村的工作，中关村提出了“创新 1+N”模式，具体措施（见表 2-9）。

表 2-9　院士专家工作站发展的海淀经验

内容	举措
构建科协、管委会、企业、科学界的共同体	• 构建产学研用平台 • 加强科技智库建设 • 促进人才特区建设 • 促进创新文化建设
联合政府（管委会）力量，扶持中小企业	• 中关村企业大多数是中小企业，目前有 1 万多家，结合中关村企业的特点，要提高建站的效率，只靠北京市科协单个的力量不行，要充分发挥中关村政府的职能作用，尤其是海淀园区管委会的作用，强大建站的力量
1+N 模式	• 1 个院士专家工作站服务中心 +N 个工作站 • 有别于以前的院士专家工作站，海淀园设立院士专家工作站服务中心，将统一负责海淀园企业院士专家工作站管理、服务工作；指定专人、专门机构负责院士专家工作站服务中心的日常管理工作 • 以一次性建站补贴、工作站运行补贴等方式给予建站企业政策性支持

（4）学协会院士专家工作站——纵向的行业垂直服务模式

在院士专家工作站的建设热潮中，除了各层次的地方科协推进，纵向的各类学协会也是一支不可忽视的力量。在未来，地方省区市科协与专业学协会可以进一步加强合作（如图 2-3 所示）。

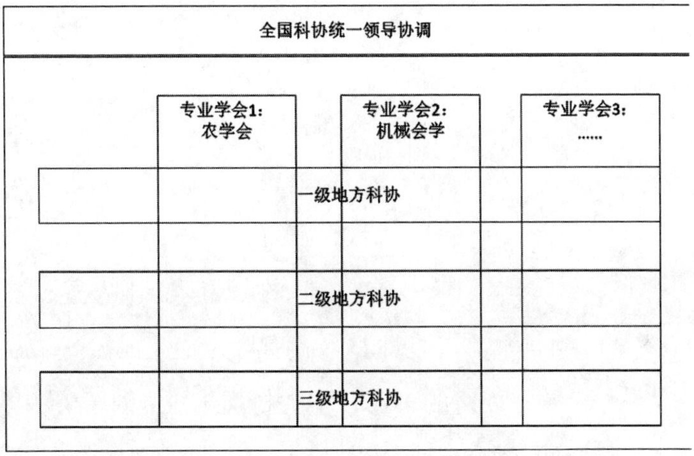

图 2-3　院士专家工作站建设过程中科协职能部门关系

以中国农学会为例，其组织院士专家面向农业企业开展专业技术服务，建成《专家（院士）信息库》《企业技术难题需求库》《最新科技成果库》等专门数据库。中国农学会组织企业外的院士专家与企业科技人员开展合作研究、举办技术培训活动等。这些都是科技社团组织企业内外科技人员开展面对面技术交流的有效方式，对于提高企业技术学习能力非常有益；[1] 中国机械工程学会积极响应中国科协安排，通过与本会系统省区市学会及各专业分会联合运作，与行业企业合作，组织专业对口院士、专家走进企业，提供智力支撑，为企业科技进步和发展服务。在院士专家工

1　周大亚 . 促进科技信息的扩散及应用：以中国农学会为例 [J]. 科协论坛，2014（9）：9-11.

作站的建设与运行之路上不断探索和前进，逐渐摸索出一条“依托院士专家工作站，推动科技人员向企业集聚，提升企业自主创新能力”之路。[1]

1 杨丽．浅谈学会院士专家工作站的运行管理 [J]. 学会，2013（1）：56-58.

第三章
质量篇

院士专家工作站质量管理与质量评价

院士专家工作站形态在我国经过15年的发展，已经进入了从早期“从0到1”发展到现在“从1到N”的阶段，这意味着我们需要从早期片面追求数量到现在追求质量，从早期关注“有没有”到现在强调“好不好”“强不强”，从早期关注是否达到建站标准，到现在强调服务效能——在这一系列转变中，质量管理理论与方法是我们进行院士专家工作站可持续发展管理与评价的重要工具。本章首先分析了院士专家工作站质量的内涵以及工作站质量管理工作的主要内容，明确了工作站质量管理主体。在此基础之上提出了院士专家工作站质量评价的基本思路和基本原则。基于质量机能展开理论，系统梳理了院士专家工作站的功能点，设计了院士专家工作站质量评价指标体系的基本架构。

3.1 院士专家工作站质量管理理论导入

3.1.1 院士专家工作站质量的内涵

质量是事物的本质特征之一，是质量管理的主要对象。从不同的角度出发，质量具有不同的描述方式：20世纪著名的质量管理专家朱兰从用户的角度出发，认为产品质量就是产品的适用性，也就是用户在使用产品时感受到需求被满足的程度；[1] 被誉为“零缺陷之父”的质量管理专家克劳斯比（Philip Crosby）从生产者的角度出发，认为质量可概括为产品符合规定要求的程度；[2] 管理学大师德鲁克（Peter Drucker）认为质量就是满足需要；菲根堡姆（Armand Vallin Feigenbaum）认为产品或服务质量是指研发、制造、市场、维修活动中各种特性的综合体。[3] 国际标准化组织（ISO）制定的国际标准《质量管理和质量保障：术语》（ISO8402—1994）将产品质量定义为产品反映实体满足明确和隐含需要的能力和特性的总和。我国国家标准（GB/T19000-2008 ISO9000：2005）将质量定义为一组固有特性满足要求的程度。

上述定义尽管表述不同，但是都体现了质量内涵的两大标准：其一，使用要求；其二，满足程度。表现在院士专家工作站上，其质量主要体现为：院士专家工作站相关利益单元（包括了企业、院

---

1 Joseph M. Juran.Management of Quality Control[M].New York：McGraw-Hill，1967.

2 Philip B. Crosby. Let's talk quality[M].New York：McGraw-Hill，1989.

3 Feigenbaum.Total Quality Control[M].New York：McGraw-Hill，1965.

士、政府、社会公众等多元群体）在利用工作站的服务时，其预期被满足的程度。

3.1.2 院士专家工作站质量的构成维度

（1）院士专家工作站形态与服务本身的质量维度

按照质量管理理论，从产品或服务本身的特性角度来理解质量，主要是考察产品或服务载体本身的技术性或物理化特征，需要依靠客观标准，如对精度、准确性的测量等。有时还需要考察产品或服务作用于心理方面的质量特征，尤其涉及知识、体验时，质量具有相对的个性，比如心理感觉、适用性体验等；有时质量还涉及时间维度，及时性、稳定性、可复原性、成本费用等会用于描述质量；当涉及安全与风险时，规避成本、风险以及维护成本会用于描述质量属性；当产品和服务涉及社会公共特征时，描述属性则更加隐蔽和定性，如法律法规的适用性、社会伦理规范等。

具体到院士专家工作站的质量，工作站形态或服务本身的质量由于较为容易量化，也较容易测量和操作，因此成为很长一段时间内考察工作站创立、建设质量的主要标准，我们可以称其为“建制质量”，典型的指标如院士专家工作站的经费份额、办公场所物理空间的配置指标、规章制度的程度、引进人才的数量以及配备服务人员的数量等。

但是需要指出的是，产品或服务本身的质量维度只是总体质量的一个组成部分，并不能以偏概全，因此院士专家工作站的“建制质量”并不能代表工作站的总体质量。

（2）院士专家工作站使用者 / 感知者 / 体验者的质量维度

按照质量管理理论，产品和服务的一项重要质量描述标准就是

"满足要求的程度"，要求将产品或服务的固有特性与用户要求进行比较。这里的"要求"可以是明示的/表达的，也可以是隐含的/感知的，或者是默认必须履行的需求或期望，如组织惯例、社会习俗、法律法规或行业规则等。从产品或服务使用者/感知者的角度看，质量是用户对产品或服务满足需求程度的度量。这一视角跳出了有形产品质量的概念模式，从用户角度理解质量，认为质量是一个主观概念，它取决于用户对质量的期望设想同实际体验到的产品或服务质量水平的比较。如果用户感知到的质量水平高于期待的质量水平，那么用户会获得较高的满意度，从而认为产品或服务具有较高的质量。

具体到院士专家工作站的质量，主要表现为设站方（企事业单位）和驻站方（院士专家）两方面用户对于工作站服务的主观评价，通常从可靠性、回应性、保证性、关怀性、有形性等方面对质量进行描述（如图 3-1 所示）：①可靠性包括了可信度和一致性，即院士专家工作站可靠且正确地提供所承诺的服务。②回应性是指院士专家工作站能够帮助用户并及时提供产品和服务的意愿。③保证性是指院士专家工作站的服务人员具有专业知识、有能力并获得用户的信赖。④关怀性是指院士专家工作站能给用户提供关怀与个

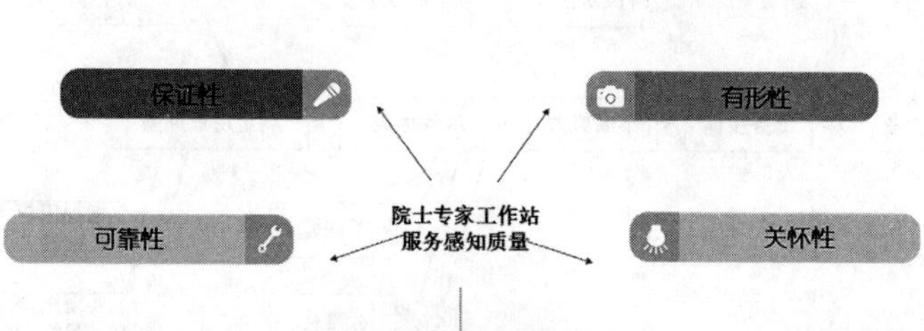

图 3-1　院士专家工作站服务质量构成

性化的照顾。⑤有形性包括院士专家工作站的实体、服务人员的形象与提供服务的工具和设备的品质。

（3）从院士专家工作站服务的提供者角度理解质量

按照质量管理理论，从产品或服务提供者的角度看，质量的宗旨就是要经过不懈的努力来尽可能好地满足用户的期望。这其中涉及三方面的要素：①“不懈的努力”代表持续改进观念，即质量评判具有一定的相对性，一般不存在绝对质量标准或最高质量标准，但具有最低质量要求。②“尽可能好”代表零缺陷、预防观念和标准化观念，即最大努力原则，在现有能力或资源约束条件下能够达到的最佳的水平，或应该规避的明显失误，既体现产品或服务的努力方向，也体现产品生成或服务实施过程中的努力水平。③“满足用户的期望”涉及用户观念与用户目标的满足，体现了产品或服务的效益水平。

具体到院士专家工作站的质量，表现为以科协为主体的工作站服务提供者以最优过程帮助用户实现其效益的最大化，这其中既包含对工作站产出进行评估的结果，也包含对工作站日常运行状态或过程优劣的评判（如图 3-2 所示）。

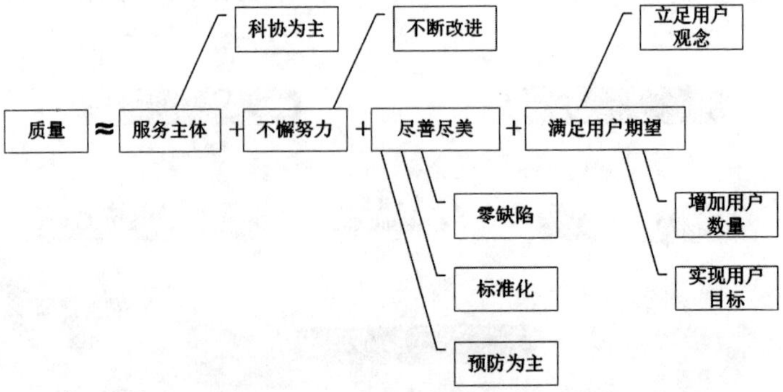

图 3-2　院士专家工作站服务提供者质量构成

3.1.3 院士专家工作站质量管理

院士专家工作站是产学研合作的产物，而无论是产业发展、学术研究还是科技创新，效果评估都是重要的环节，尤其是在科技事业发展进程中，质量一直依靠科学家的“科学精英精神”(scientist-elite)和“自我批判主义的传统”(self-criticism)维系，但是随着科技创新活动范围的拓展和研究规模的扩大，大量国家投资的科技研究并没有产生预期的效果，科研创新力匮乏，科技成果质量不高，成为全球科技活动的“通病”。加强对各类科技创新活动的质量管理成为必然。

国际标准化组织(ISO)将“为满足质量要求而使用的操作技术和活动”定义为质量控制。本课题将确保院士专家工作站符合有关质量控制标准和规范而采取的改进活动统称为质量管理。具体而言，院士专家工作站质量管理是通过监控工作站筹备、建成、发展、运营的全过程，为消除不达标因素并提高工作站效能而采取的相关的措施和活动，其最终目的是得到较高质量水平的院士专家工作站。

由于院士专家工作站牵涉多方利益相关者，院士专家工作站的质量管理主体是多层次、多元化的，但其中核心主体有三个，按照层级自上而下分别是科协组织及其职能部门、设站的企事业单位、基层的院士专家工作站自我管理(如图 3-3 所示)。

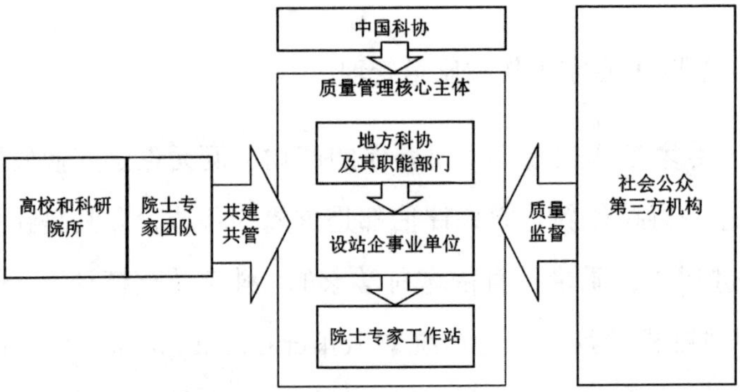

图 3-3　院士专家工作站质量管理主体

3.2 院士专家工作站质量评价基本思路

3.2.1 院士专家工作站质量评价机制

质量管理过程是一个闭合的循环，应包括持续的质量反馈与质量改进。而从质量标准设定到质量反馈改进的重要中介就是质量评价。院士专家工作站的监督、审查和评估形式不同于传统的项目评估，也不仅仅局限于科研 / 生产部门内容，而是加入了政府管理部门、企业部门、社会部门、社会公众等不同的评价主体。

研究认为院士专家工作站质量评价不仅是针对静态工作站配置本身，同时它也是一个动态的过程，以科技创新活动为基础，依据相关的评判标准与方法，对院士专家工作站运营全流程的质量进行判别评价，既有过程评价，也有结果评价。在评价的流程上，工作站质量评价首先应有一定的评价评估标准；其次应建立完善系统的工作站评价指标体系，实现工作站质量评价的规范化与科学化。

在评价的作用上，院士专家工作站评价是对工作站建站形式一种规范，是对工作站参与主体的一种约束，同时也是一种激励，有助于规范科研活动，加强科技创新项目的质量管理，最终有利于提高院士专家工作站的效率与效益。

在评价主体上，研究认同“全评价”的思路，即广泛吸纳院士专家工作站的不同参与主体进行评价，可以将常态化评价与专项评价相结合，宜以科协牵头，成立由不同利益相关者参加的评估委员会。

3.2.2 院士专家工作站质量评价原则

（1）分级分类评价原则：由于院士专家工作站具有不同类型、不同形态、不同功能，因此不可能拘泥于单一的质量评价标准。可以在国家层面出台指导性标准的条件下，评价主体基于评价目标和评价对象分别解释质量评价指标或要求，基于质量评价的基本原则，可以在设计和选用评价指标方面具有一定的自主性。

（2）递进式的质量评价原则：院士专家工作站质量评价需要遵循从整体原则逐渐推进到实施细节的方式。最高一级的科协职能部门提供具有指导精神和基本原则的评价标准，提供核心评价指标要素。推进落实到不同领域、不同地域、不同类型的院士专家工作站，则可以制定和提供相应的解释条例和参考指南，由具体的质量管理主体负责制定更为详尽和专业的评价标准。

（3）自主裁量原则：自主裁量原则主要适用于特定领域对于院士专家工作站专业层面质量的评价。不同类型和领域的院士专家工作站需要采用不同类型的评价方法。政府管理机构可以授予工作站质量管理主体适当的自主裁量权，来满足不同主体的特殊需要，并平衡评价活动的成本和收益。

（4）一致性原则：院士专家工作站质量评价标准需要与如产学

研合作形态的各类质量标准或指导思想保持一致。同时也要与下位类子模块形态的质量标准（如服务质量标准、信息质量标准、学术成果评价标准等）保持协调和一致。

（5）成本效益原则：质量保障工作和质量评价都需要付出成本，评价实施者需要根据工作站的价值，建立工作站分级评价体系，建立相应机制。

（6）多元评价原则：院士专家工作站的价值和质量具有多元性，需要坚持主观客观结合原则，既有量化的客观评估和审查指标，也有专家评议的主观建议采纳。

（7）评价激励原则：质量评价应该具有反馈和改进环节，构成院士专家工作站质量管理闭环，需要建立质量评价响应预案，以评促改，最终立足于工作站质量的提升。

（8）最低质量标准和最高质量追求相结合原则：这一原则体现了底线思维，同时体现了质量概念中尽善尽美的内涵。所谓最低质量就是院士专家工作站形态与服务不能低于一系列基本标准；所谓最大质量追求就是院士专家工作站需要在基线之上向理想状态靠近，并向更加卓越的境界探索。

3.3 院士专家工作站质量评价指标构建

院士专家工作站质量评价指标是科技报告质量内涵的明确反映。如前文所述，院士专家工作站质量的内涵是多维度、多层次的，因此无法用单一标准进行衡量，需要建立能够反映不同维度和取向的综合评价指标体系。

3.3.1 院士专家工作站评价指标设计理论基础

本研究采取质量机能展开理论与方法来进行院士专家工作站质量评价指标的设计。依据质量管理理论，质量机能展开理论（Quality Function Deployment，简称 QFD）指将用户的产品需求转化为确保产品质量的质量特性，从而确定产品的质量标准，使产品在开发设计前完成对质量的保证，进而满足用户需求，是一种系统的技术方法。[1]QFD 是质量配置与狭义的质量功能配置（质量职能配置）的总称。赤尾洋二将质量配置定义为将用户对产品或服务的需求转化为质量特性，进而确定产品的设计质量（标准），再将这些设计质量系统地配置到各个功能部件、零件的质量或者服务项目的质量上，以及制造工序各要素或者服务过程各要素的相互关系上，使产品或服务事前就完成质量保证，符合用户要求。[2]狭义的质量功能配置（质量职能配置）被定义为将形成质量保证的职能或业务，按照目的、手段系统地进行详细配置。通过企业职能的配置，实施质量保证活动，确保用户的需求得到满足，它重视的是相关的管理方式方法。

QFD 是一种结构化矩阵驱动的过程，强调主观质量标准，认为质量是对用户需求的满足程度，因而强调搜集当前或者潜在用户对于产品的需求，通过汇总、转化、评估、筛选和量化，进而将用户的需求转化为产品层面的质量要求或指标，最终建立质量评价和

1 赵武，张颖，石贵龙．质量机能展开（QFD）研究综述 [J]. 世界标准化与质量管理，2007（4）：56-61.

2 韩兴国，赵遐．质量机能展开（QFD）在银行质量管理中的扩展应用模式 [J]. 经济研究导刊，2011（9）：66-67.

控制指标体系，类似理论包括质量屋理论（HOQ）、KANO 质量管理模型、质量双因素理论等。

依据质量机能展开理论，研究将结合理论和实践两个角度，首先系统汇总、整理、识别和提取院士专家工作站的需求点与功能点，以此作为不同类型用户（包括企业、院士专家团队、政府管理部门以及社会公众）对于院士专家工作站需求的标准，进而将这些需求点和功能点转化为质量标准与指标，在此基础之上将不同指标按照理论逻辑与现实要求进行组合，从而建构指标体系。

3.3.2 院士专家工作站功能点提取与识别

研究通过政策分析、文献调研、案例调研、实地走访、专家访谈等方法，系统收集了各方对于院士专家工作站形态与服务的功能预期，并且结合已有案例报道与最佳实践，分析已有成效的具体构成要素（见表 3-1）。

表 3-1　院士专家工作站成效构成要素

序号	内容	功能点
1	建站主体资质	● 符合《院士专家工作站认证标准指标》
2	基础团队配置	● 拥有科研人员不少于 15 人 ● 至少与相关领域 1 名及以上院士或高层次专家及其团队签订建站协议和具体项目合作任务 ● 建站企业配套研发团队的能力素质状况，与院士专家及其团队配合的默契程度
3	资金保障情况	● 建站后每年投入工作站运行经费不少于 10 万元 ● 资金使用制度
4	时间保障和投入情况	● 建站协议的合作期限一般不少于 3 年 ● 专家最低在站工作时间 ● 专家访站次数

续表

序号	内容	功能点
5	提供基本基础设施、办公场所、试验场地与物理空间	• 可参考由中国科协企业创新服务中心发布的《示范院士专家工作站评选指标》，涉及基本保障条件指标中的办公场所、辅助设备等相应的保障条件配备状况
6	平台与项目日常管理水平	• 管理与运行制度健全情况 • 有健全的工作机制 • 工作计划与工作总结 • 绩效评估与激励措施 • 准入与退出、解约机制 • 评估材料 • 知识管理 • 质量管理
7	内部机构组织设置	• 各组织部门的协调程度 • 与工作站的对接程度 • 部门间响应时间 • 具有专门领导小组或联席会议机制
8	需求的有效识别和收集	• 识别整理企业期待解决的技术难题和瓶颈问题
9	协同破解关键核心技术难题与技术瓶颈	• 通过工作站的有效运行，院士专家团队与企业研发团队联合攻关，重点发挥把关定向功能，有效破解核心技术难题 • 通过工作站解决了困扰企业多时的难题 • 联合攻关项目数
10	提升企业自身的市场竞争力	• 拥有自主知识产权技术产品 • 帮助企业摆脱了对于进口、外部供给的依赖 • 提升了市场份额 • 提升了销售额 • 形成自身品牌
11	提升企业自身的科技研发能力	• 申报并实施了国家级、省部级项目 • 获得了国家级、省部级奖项 • 申请专利 • 授权专利 • 开发新产品、新工艺、新技术 • 参与制定标准 • 发表论文或著作

续表

序号	内容	功能点
12	推动科研成果转化	• 通过转化专家成果，提高企业竞争力 • 成果产业化情况
13	推动成果转化	• 成果转化数
14	联合培养高层次创新人才	• 建立企业人才培养基地 • 达成人才培养协议 • 与博士后流动站等平台业态对接 • 联合团队组建 • 院士专家助手 • 轮岗制度 • 依站办学模式 • 导师制和师徒制 • 人才骨干入选地方政府人才培养计划 • 人才骨干获得奖励或认证 • 人才骨干进行深造或培训，取得学位情况 • 人才骨干进行海外交流 • 人才骨干参加重要会议 • 人才骨干发表学术论文 • 人才骨干产出其他类型科研成果
15	引进高端人才	• 建立专家人才库 • 柔性引进专家数量 • 引进“千人计划”“百人计划”等各类计划人才数 • 填补了紧缺和关键岗位人才缺口
16	引进本领域 / 本行业专家	• 人才资质 • 引进数量 • 引进成效
17	引进跨领域 / 跨行业专家	• 人才资质 • 引进数量 • 引进成效
18	资讯情报传递	• 企业通过工作站了解行业最新科研成果和发展趋势 • 提供行业发展咨询报告、月周报、简报、速报等

续表

序号	内容	功能点
19	知识共享活动	• 举办论坛、沙龙、讲座、培训、研讨、进修班等 • 岗位实训 • 专项培训 • 学习交流参观活动 • 跨领域跨行业交流 • 非正式交流、联谊等 • 知识交流共享活动创新
20	知识管理效能	• 知识传递与交流效率 • 专家黄页建设情况 • 知识交流手段丰富程度 • 知识管理系统（知识库）建设情况 • 知识管理专职岗位或团队
21	智库服务和高端战略咨询、决策咨询服务	• 发布研究报告 • 报告被采纳和被批示情况 • 咨询服务数量 • 咨询服务层次 • 咨询服务成效
22	孵化新平台、新业态、新团队、新实体、子公司	• 产生新的产学研用平台 • 孵化子团队、子公司 • 孵化新的研发基地、研究院、工作站等
23	提升影响力和品牌效应	• 媒体曝光度 • 报道数量 • 形成自身品牌
24	资源整合效能	• 政策资源、科技资源、政府资源、信息资源的整合情况
25	区域、产业、行业级别的带动效应	• 区域、行业发展水平的整体提高 • 产业集聚与提升 • 科技辐射与推动作用 • 参与产业战略规划 • 引领行业发展方向 • 推动产业升级换代 • 带动上下游产业发展

续表

序号	内容	功能点
26	为院士专家服务情况	● 院士专家工作环境和行旅便利程度 ● 资金经费支持 ● 奖励情况 ● 为院士提供课题选题和研究对象 ● 提供学生实践实习场所 ● 提供学生就业渠道
27	院士专家满意度	● 满意度调研机制及结果
28	院士专家工作站之间的协调	● 统一的工作站服务平台 ● 区域 / 行业院士专家工作站联盟 ● 不同工作站之间的联系强度
29	科学知识普及、创新文化塑造和社会教育	● 面向社会公众的培训宣传教育活动 ● 面向特定社群（如创业群体、青少年）的教育活动 ● 其他类型的科普活动

3.3.3 院士专家工作站质量指标体系

根据上述院士专家工作站质量机能展开分析，我们总共梳理出29项一级功能描述，以及约112个具体功能点。在实践中，由于院士专家及其所在高校、科研院所与不同产业链上企业及其不同部门之间价值取向、基础条件、自身优势的差异，院士专家工作站的合作要求、创新层次、主要功能也有所不同，其建设模式及其组织形式也会存在不同。因此，单一的院士专家工作站不可能也没有必要囊括所有功能要素。按照裁量原则、最低质量标准和最高质量追求相结合原则，研究可将院士专家工作站的功能点按照属性进行聚类，同时因为时间、环境等外生维度，建构起功能矩阵，从而方便院士专家工作站的质量管理主体按照自身情况和发展阶段因地制宜地自助式生成合适的评价体系。

据此研究结合层次分析法提出了院士专家工作站质量体系框架（如图 3-4 所示）。层次分析法隶属于运筹学理论的范畴，是当前运用较为成熟和广泛的方法之一，把思维过程或实践过程逐层分解，力求做到相关元素层次化、数量化，以便用数量分析方法为相关分析和决策提供定量的依据。当前，层次分析法已被广泛应用与项目综合评价、工程方案选择、人力资源管理、政策绩效评估和科技成果质量评价等领域。此图的框架就是按照发展实践顺序分为建制基准指标、服务品质指标、专家价值指标、效益效能指标等。这四个一级指标是层层递进的关系，下面分别予以解读。需要指出的是其中量化指标的具体数据需要结合质量管理主体及设站单位的具体要求进行设置，在这里仅给出方向性建议。

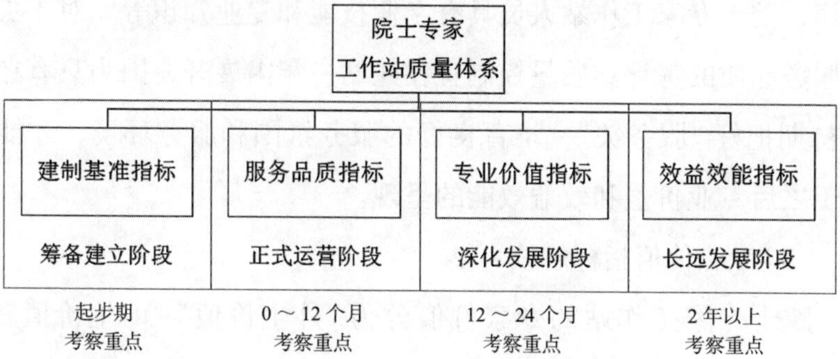

图 3-4 院士专家工作站质量体系框架

（1）建制基准指标解读

建制基准指标主要指建站需要达到的基本标准。核心要素包括建站主体资质、经费保障情况、办公场所、辅助设备等相应的保障条件配备情况、相关制度完备情况、管理办法和配套制度的执行情况。建制基准指标是院士专家工作站质量的最低标准，决定着设站单位的准入资质。

（2）服务品质指标解读

如果说建制基准指标是院士专家工作站的硬性条件，那么服务品质指标就是工作站的软性条件，而且是工作站建制基准与专业价值、效能效益之间的中介。工作站的各类硬件配置、基础设施和资金投入只有通过高品质的服务才能实现精准投送。而观察以往对于院士专家工作站的考核评价标准，可以发现往往只关注于资金投入、场所配置、人员配备等“输入性指标”以及成果产出、效益产出等“输出性指标”，而忽视了服务环节的质量，因此本研究提出“服务品质指标”可以作为评价院士专家工作站质量的一个创新点。

具体而言，服务品质指标的核心要素包括现代化的服务设施，提供的服务与硬件设施相匹配，能够可靠、准确、按时地履行服务承诺，院士专家工作站人员具有专业技能和专业知识等。对于工作站服务品质的考评和质量控制宜在建站一年内展开，因为只有在建站初期把好“服务关”，培育良好的服务氛围和服务环境，才能有助于之后专业价值和效益效能的呈现。

（3）专业价值指标解读

院士专家工作站的专家价值分为“外生价值”“内生价值”和“共创价值”三个组成部分，而且“内生”“外生”两个部分之间的融合与转化是工作站实现价值共创的关键，从而实现“1+1>2”的效果。外生价值主要来自外部引进的高端智力资源，主要考察院士专家的资质，进站院士专家团队成员配置情况；而内生价值则是指在学习吸收专家智慧的基础上，形成的企业专业能力，例如企业人员素质和科研水平的提升，培养企业创新人才的措施及数据；共创价值包括了工作站联合研发团队的专业素质情况、学术成果的合作情况、研发、培训、讲座、难题对接等工作情况、共同取得科研成果情况、联合申请发明专利情况、合作项目获奖等。

（4）效益效能指标解读

效益效能指标是院士专家工作站的可持续发展指标，也是院士专家工作站质量的落脚点。效益效能质量的达成必须建立在建制基准、服务品质、专业价值三个层面质量的基础之上。这里的效益既包括社会效益，也包括经济效益。效益效能指标的核心要素包括了针对企业需求，在推进落实解决企业发展战略、攻克关键技术难题、成果转化、主持和参与制定标准、提高企业创新能力方面的情况，引进外部高端人才开展企业创新项目等情况，工作站项目形成的新产品和新技术（含科技成果转化等收入）产生的经济效益与建站企业总收入占比，工作站对区域和产业发挥辐射溢出效应的情况，建站企业获得省级以上奖励、省级以上媒体报道等情况。

第四章
案例篇

襄阳院士专家工作站典型案例分析

本章重点选取了中科（襄阳）院士专家创新发展中心、襄阳市第一人民医院院士专家工作站、湖北三环车桥有限公司院士专家工作站、湖北金洋冶金股份有限公司院士专家工作站、湖北三环锻造有限公司院士专家工作站等五家院士专家工作站进行案例分析。这五家工作站的建设与发展状况各具特色，分别代表了政府主导型、事业单位主导型、国有集团型企业主导型、私营企业主导型等不同类型的建站模式。但是它们的共同特点是均取得了一定成效，沉淀了一系列有益的经验。同时作为工作站的先锋带头单位也面临着一系列挑战，因此十分具有研究样本价值。

4.1 中科（襄阳）院士专家创新发展中心

中科（襄阳）院士专家创新发展中心是在襄阳市委市政府、襄阳市经信委、襄阳市高新区、襄阳市科协、襄阳职业技术学院等机构、部门的合力推动下，特别是在中科院刘嘉麒院士的关怀下，于2013年根据相关合作协议成立的。中心成立以来已经对接了本地磁动力、新材料等项目，这些项目都是国内顶尖的技术，经过产学研结合，进一步完善了这些项目的技术水平。中心在玄武岩纤维落地项目推进、高端科技资源引进、地方服务平台建设等几方面做出了卓有成效的贡献，市主要领导多次出席活动并对中心的工作给予了肯定。

因此，中科（襄阳）院士专家创新中心具有时间久、影响大的特点，是襄阳科技创新服务体系的典型代表，在全国范围内也具备了一定影响力，可以成为区域科技创新服务的样本。

（1）中心基本情况与亮点

中科（襄阳）院士专家创新中心成立5年来，依托平台优势，开展了丰富多彩、卓有成效的工作，其中代表性的工作可以归纳为以下几个方面：

①依托智力资源集聚优势，通过多种类型的知识服务形式助力创新进程。如2016年中科（襄阳）院士专家创新发展中心在襄阳市政府与中科科技培训中心指导下，与市科协联合举办主题为“创新驱动发展，科技引领未来”的中科院科技创新年度巡展暨创新驱

动助力工程技术对接洽谈活动。这次创新驱动助力工程技术对接洽谈活动共邀请了中科院院士 1 名、中科院研究员 17 名，全国有关学会专家和高校专家 6 名，涉及地质学、光学、声学、植物学、材料学、微生物学、机械自动化、半导体、新能源汽车等 9 个专业领域，来自中科院、复旦大学、华中师范大学、武汉科技大学等高校与襄阳市近 50 家相关企业推介了最新科研成果 14 项，为企业解决技术、项目需求 43 项。

此类服务活动有效贯彻了中科院项目“产学研对接”的目的，通过巡展使各地的科学技术水平和相关产业实现了共同发展。同时，知识服务所传递的一些高新技术主要是一些面向国民经济主战场的科研成果，通过展览能与本地的产业相结合，形成技术转化，促进区域高新技术产业的发展。近几年，在中心的组织协调下，有王志新院士、郭光灿院士、金涌院士、匡廷云院士、王天然院士、刘嘉麒院士等多位院士专家来襄阳考察讲学，这些院士专家所代表的高端智力资源为襄阳的转型发展起到了很好的推动作用。

②依托中心平台进行项目引进和项目孵化。这其中典型的案例如汇尔杰玻璃纤维有限公司玄武岩纤维项目，这是中科（襄阳）院士专家创新发展中心落户襄阳高新区后成功推进的重点项目。该项目从洽谈考察到成功签约，仅仅用了 8 个月的时间。

玄武岩纤维材料高科技项目由刘嘉麒院士领衔。刘嘉麒院士是我国著名地质学家，承担和主持过多项国家级和国际合作项目。他承担的利用玄武岩（火山岩的一种）拉纤维，在航天、航空、军事、消防、建筑、交通等领域有广阔的应用前景。因为玄武岩纤维在正常生产过程中不产生有毒物质，无废气、废水、废渣排放，无污染，因此有人将其比作21世纪全球制造业的“高新绿色工业材料”。

该项目的落户，对于襄阳实现以非传统资源替代传统资源，形成产业集群具有深远意义。

吸引刘嘉麒院士团队的重要因素就是襄阳市的院士专家创新创业优惠政策：例如设立专项扶持资金，主要用于扶持院士专家在创新创业园的科技研发、技企联姻、成果转化；经过评审认定并经襄阳市政府批准的院士专家成果转化项目，可获得项目启动资金扶持；院士专家在创新创业园的项目需要融资的，按其项目实际设备投资额度给予贷款贴息。此外，院士专家工作所依托的完善基础设施（例如用地、用电、用水、用气）、配套企业以及“保姆式”“一站式”的服务也是项目有效落实的保障。

③以院士专家创新中心为核心和依托，深化打造周边创新服务平台体系。2015 年，在中科（襄阳）院士专家创新中心的推动下，襄阳市政府、中科院大气物理所、中科科技培训中心三方签订了战略合作协议，根据战略合作框架协议，协议各方共同成立大气污染防治工作组，合作内容包括空气污染监测能力建设、地区污染源解析、促进重点行业空气污染治理、形成典型行业大气污染综合治理技术方案并加以推广应用。中科院大气物理研究所、中科科技培训中心的有关环境保护和治理科技成果优先在襄阳市实现产业化，襄阳市政府给予政策、资金、资源等方面的支持。

再如 2017 年由中国技术交易所、襄阳市高新区管委会与中科科技培训中心在北京共同签署合作协议，成立中国技术交易所襄阳工作中心，落户襄阳科技城，并在襄阳科技城举行中国技术交易所襄阳工作中心揭牌仪式暨襄阳产业科技项目推介会。

④利用平台资源针对促进襄阳地区主导产业发展，开展各种专业技术对接活动，推送产业匹配的优质技术项目，解决襄阳本地企

业的技术需求问题，促进企业技术升级发展。例如举办“高新技术成果发布会暨先进制造技术军民融合对接会”、“襄阳企业家走进中科院”科技对接活动，以及航空材料等领域的专项对接活动。

⑤依托院士专家创新中心积极开展院地合作、院校合作、院企合作等多种合作形式。典型如基于院士工作站平台深化襄阳市与中科院的合作；开展关于院士专家工作发展的学术研究项目，为推动襄阳市可持续创新驱动发展和相关政策的制定提供新的思路和有效支撑；与襄阳职业技术学院重点合作开展了“院士专家校园行活动”等。

⑥依托已有成功经验与模式进行更大区域范围的辐射与推广。例如接待邻近区域的调研，与其他区域进行互访和合作，推动襄阳周边预期创新服务网络的形成。

（2）中心面临的主要问题与挑战

当前院士创新中心工作连续性、系统性不够，各项工作碎片化，相互依存度不高。此外服务企业的手段较为单一，项目技术服务成功率有待提高。特别是在项目对接后，缺乏提供解决企业技术需求的资金方式和渠道的有关建议和咨询服务，导致企业面对解决方案，因资金问题又选择放弃，从而使得项目技术服务成功率低。

4.2 襄阳市第一人民医院院士专家工作站

湖北医药学院附属襄阳市第一人民医院（以下简称第一人民医院），始建于 1949 年 8 月 1 日，是一所集医疗、科教、预防、保健于一体的大型综合型国家三级甲等医院，同时也是湖北省三级优秀医院、湖北省最佳文明单位、全国医院文化建设先进单位、全国百姓放心百佳示范医院。第一人民医院于 2017 年 4 月建立院士专家工作站，建站虽然仅半年多，但卓有成效。第一人民医院作为事业单位承建院士专家工作站，具有典型代表性，课题组通过走访座谈，对其成效与问题进行了分析。

（1）院士专家工作站基本情况与亮点

该院士专家工作站于 2016 年 11 月申报筹建并于 2017 年 4 月获得批准。该站建设具有明确的工作思路和指导思想，即院士专家工作站要讲求实际、做出实事、发挥实效。工作亮点主要表现在三个方面：①提升临床工作规范性与合理化综合治疗能力。第一人民医院充分发挥陈孝平院士的学术优势与价值，接受国际化、前沿性临床理论与技术指导，提升医院医护人员认识水平，大大改善临床治疗效果。尤其是陈院士提出的"细节决定成败"指导要求直接带来了临床工作的显著改进。②着重解决了第一人民医院当前科研工作中的迫切问题，体现科研工作的实用性，建立多中心协作研究的工作模式。③通过进修、短期培训、专家授课等多种方式培养第一人民医院自有医疗人才，聚焦手术中出血量、肝脏保留有效度和清扫程度等细节问题，通过对科研数据的整理，利用云计算进行大样本量的分析，实现信息共享和精准治疗。

（2）院士专家工作站基本发展思路

襄阳市第一人民医院院士专家工作站建站宗旨是为了带动相关学科的发展，通过建立院士专家工作站开展科研活动。医院作为医疗服务单位的同时，也是医学科研机构，科研水平是医院考核的重要指标之一。配套院士专家工作站，第一人民医院申报建立实验室，为医院科研人员搭建全方位的诊疗服务与医学研究的"硬平台"，同时依托实验室建立与其他科研院所协同合作、成果共享的"软平台”，形成“重科研、留人才”的良好人才培养环境。

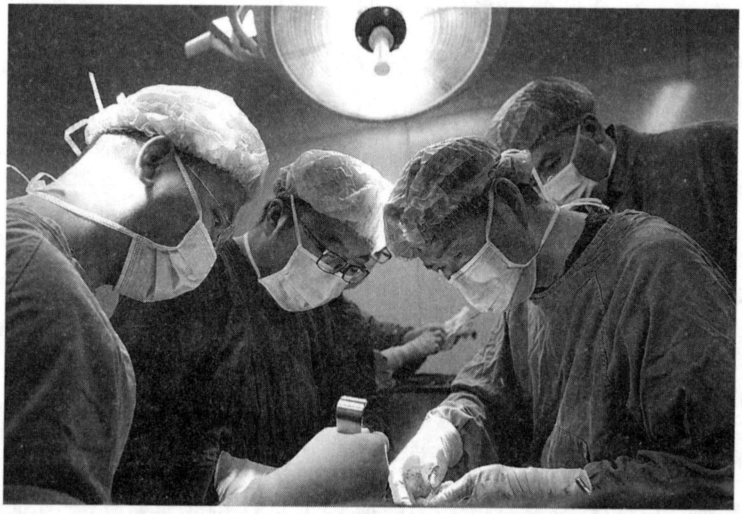

图 4-1　陈孝平院士做手术

第一人民医院叶恒波书记将院士专家工作站发展路径形象地总结为“下蛋、孵蛋、售蛋”三个阶段：①借鸡下蛋。院士专家带着博士生来参与到设站单位的工作，设站单位的合作对象不仅是院士专家，也要牢牢对接其团队，院士具有专家智慧，而其所带的团队尤其是研究生具有时间精力和热情、知识更新快，从某种程度上来说，相对于院士，其博士生可以发挥出独特的效力，对建站单位的指导效力更强。所以应该把院士专家工作站的认识更新为“院士专家团队工作站”。②人工孵蛋。利用聚集人才的高端智力，增加自身的产出量，即在“借鸡下蛋”的基础上，着力提升设站单位的孵化能力，将外力很好地吸收为自身能力。③出售好蛋。在“下蛋、孵蛋”的基础上，申请科研项目，出好科研成果，打造医院的品牌形象，吸收更多经费和资源，从而实现良性的循环。

（3）院士专家工作站目前面临的主要问题

①经费问题。按照相关规定，政府提供院士专家工作站建站资金20万元，其中区政府资金比例是52%，市政府是48%，单位匹配院士专家工作站建站经费20万～30万，总体经费并不充足，同时，第一人民医院院士专家工作站要发挥模范带头的作用，还将涉及举办学习班、组织培训班等诸多问题，经费来源更成为亟待解决的问题。

②技术问题。院士专家工作站的院士签约期限一般是3～5年，实践案例表明，签约后前一两年合作还算顺利，到了第三年也就是攻坚阶段，存在着院士因太忙而无法进行有效指导的问题。虽然院士背后依托的团队指导也发挥了作用，但是人员的流动性和时间的期效性限制了固定交流平台的效能发挥与团队的建设，在技术指导上存在后劲不足的问题。第一人民医院院士专家工作站在建站之初就未雨绸缪地就这个问题进行了前瞻性思考，针对医院的个性化需求，充分利用视频对话手段，通过远程指导解决专家及其团队缺位问题，并持续考虑在技术方面加大支持力度，通过更新和应用各类网络技术、远程技术手段创建院士专家工作站的虚拟环境。

③辐射效应问题与可持续发展问题。院士专家工作站的建立不只是为了企业自身的发展，同时也要形成区域或行业的示范引领作用。而现实情况是有些院士专家工作站发挥作用有限，限制了工作站本应具有的格局和功能，呈现出“大题小做”的弊病。实践案例中客观存在一些工作站随着课题的完结就此衰落下去，缺乏后续发展与监管，处于听之任之的局面。针对这一问题，第一人民医院领导和院士专家工作站负责人建议，要发挥工作站的示范引领作用，需要顶层设计、长远布局，将工作站布局与区域发展的长远战略协

调适应起来，特别是需要明确第一产业、第二产业、第三产业的产业布局以及相互之间的互动性。

④引导问题。医院是诊疗服务单位、学术科研单位和人才培养单位的综合体，因此要加强对医院医护人员（特别是硕博士研究生）的引导，建立知识更新与终生学习的良好学习风气，营造学术氛围是驻院工作站需要发挥的作用之一。第一人民医院通过组织开展学术报告会，加强督导，倒逼医护人员投入研究与创新。从这个角度来讲，经费多少的问题并非是首要问题，反而是科研经费管理和报酬分配，丰富医护人员的科研内涵的问题非常关键，应动态调剂科研费，通过资金配置和激励有效提升医护人员的科研兴趣、科研热情和科研追求。

⑤观念问题。公共卫生事业专注于诊疗水平的提高，医院是非营利事业单位，在开展科研的过程中会受到产出隐形化的困扰，即投入巨大，却没有可量化的显性利润，产生的社会效益即难以衡量。因此，不能采用常用的经济指标衡量医院的科研工作，也不能固守旧的观念界定医院的科研工作。从效益层面上讲，科研成果有利于打造医院品牌、树立医院形象、提升医院名誉，而更重要的是能够推动更多更好的科研成果的持续产出，支持医院诊疗服务工作，从而形成绩效与科研成果同步增长的良性循环互动。

（4）院士专家工作站的效能评价和绩效考核

①遵循顶层设计。基层单位的院士专家工作站考评需要遵循上级管理部门的顶层设计。在管理层，关键是需要实现有效的动态管理，设置明确的评估标准与奖惩制度，达不到考核要求的设站单位应将面临撤销院士专家工作站的处理。

②投入与产出衡量。医院部门考核的评价指标不能完全采用企

业的标准，企业的核心是创造利润，但医院作为事业单位的投入不能实现与之相匹配的物质产出。在设置投入与产出比指标时应兼顾社会投入与社会效益层面的产出。

③实施与指导思想。第一人民医院学科建设办公室负责本院院士专家工作站的考核工作，具体考核内容包括论文发表、手术台数及成功率等常规指标；对于知识性团队的管理原则上以奖励为主，给予支持应大于惩处要求，其基本指导思想是“达到什么目标给予什么奖励”，而不是“未完成什么指标给予什么处罚”，考核的基本目的是将医生培育成为学者。

（5）院士专家工作站期望的政策支持

第一人民医院提出目前需要的两个方面政策支持：一是关于利益分配机制与政策；二是院士专家工作站可持续发展政策。需要指出关于政府的政策支持这一点，未必是物质的支持，因为从实际的工作经验来看，纯粹靠物质留不住人才。我们要重视人才的情感需求，树立团队意识、培养温馨的团队氛围，同时注重名誉需求上的奖赏。例如以评选的形式给予人才以名誉，并非实质的物质奖励，从而将精神的动力转化为物质的效益与实际的动力。

4.3 湖北三环车桥有限公司院士专家工作站

湖北三环车桥有限公司（以下简称三环车桥公司）技术研究中心有研发人员 51 人，其中高级职称人员 15 人，本科生和硕士生 45 人，外聘院士专家 11 人（院士 3 人）。公司拥有省级汽车车桥及其关键零部件工程技术研发中心和企业技术中心等研发平台，建有相应的车桥研发试验基地。作为拥有国家示范院士专家工作站的代表性企业，课题组对三环车桥公司的走访调研，主要是针对院士专家工作站支持企业科研工作的实际效力与目前存在的问题进行了解与分析。

（1）院士专家工作站基本情况与亮点

三环车桥公司于 2010 年 5 月与沈阳自动化研究所王天然院士（新松机器人研发团队）签署协议，创建三环公司院士专家工作站。该站设有院士专家专用办公室，制定了《湖北三环车桥有限公司院士专家工作站管理办法》《湖北三环车桥有限公司知识产权奖励实施办法》《特殊人才创新成果奖励办法（试行）》《技术项目管理办法》《研发费用使用及归集流程管理办法》等各项规章制度，保证资金投入，充分发挥院士专家工作站在企业科技进步中的核心作用。

图 4-2　李德群院士（中）在三环车桥公司模具制造现场进行指导

三环车桥公司根据企业的发展要求，继王天然院士之后，又先后与北京机电研究所陈蕴博院士、华中科技大李德群院士建立了合作关系，在锻造工艺改进提高、智能 / 数字化工厂（车间）建设、轻量化车桥产品的研发等方面开展广泛合作。成为具有显著专家智力资源集聚属性的院士专家工作站。

为了全面提升公司汽车前轴产品品质，公司以国际市场和国内高端产品市场为目标，投资近 3 亿元，以院士专家团队为技术依托，积极开展全新的汽车前轴锻造、机加生产系统工艺装备的研发工作，打造具有国际领先水平的高端汽车前轴生产系统。具体成果包括：

①实施“出口汽车前轴万吨级自动化精密锻造生产线技术改造项目”，推动企业锻造工艺、技术、装备、产品市场的转型升级。该项目固定资产投资 19716 万元，于 2011 年 9 月建成投产，使公司具备了年产高端出口汽车前轴 30 万件的能力，年可新增销售收入 47510 万元；项目产品以出口或替代进口精密汽车前轴锻件为核心，满足了国内外客户对前轴锻件的大型化、高端化、精密化的要求，使企业具备了较强的国际市场竞争能力。

②实施“出口汽车前轴调质热处理生产线技术改造项目”，提升热处理工艺和质量。研发成功“前轴分层控制热处理喷淋系统”全新工艺；实现了低能耗、炉温均匀性好、锻件淬火硬度均匀，减少或避免了加热过程中的脱碳、工件淬火冷却方式受制等创新目标；有效地解决了公司汽车前轴的调质问题，工件淬透层深度和金相组织完全达到了国家标准和国外客户的要求。

③实施“出口汽车前轴精加工综合生产系统技术改造项目”，彻底转变汽车前轴机加工艺和质量落后状况，项目总投资 6730 万元。实现了汽车前轴机加工工艺的创新，机加工质量达到世界领先水平；达到了机加工质量 100% 合格，自动化、柔性化、在线自动检测等创新目标；满足了国际市场和国内高端市场的质量要求。

以智能制造为主题，依托院士专家工作站，三环车桥公司致力打造国内锻造行业智能制造应用示范试点企业。公司于 2015 年初立项实施“三环（谷城）高端汽车车桥精密生产基地项目”。项目规划总投资 245700 万元，建设用地 1072.3 亩，以构建智能化示范工厂为主线，建设具有行业领先水平的智能化锻造、机加生产线，数字化车桥及关键零部件生产线，把公司打造成为国际先进、世界一流的高端车桥生产基地。公司携手华中科技大学李德群院士、夏巨谌教授专家团队，就研发锻件热态下自动化检测装置、自动化总线控制技术、模具数控化增材焊补技术、数控加工三维扫描技术、专用加工程序编程等开展联合研发，同步开展“智能锻造未来 10 年的研究及应用”规划，确立了“六步走”的实施目标。“智能锻造未来 10 年的研究及应用”规划实施目标包括：①汽车前轴轻量化结构的优化设计以高强度钢取代当前使用的结构钢，进一步实现轻量化的可行性。②辊锻制坯、弯曲、预锻及小飞边终锻联合精密成形工艺规范与大数据信息系统的建立。③辊锻模 3D 打印再制造技术及专用装备的开发。④带曲线型冷却水道的预锻和终锻模 3D 打印制造与再制造技术及专用装备的开发。⑤前轴锻件高温快速精密检测技术及专用装备的开发。⑥通过 MES 执行系统控制的前轴智能化精锻示范性生产线的建立。

以节能环保为目标，依托院士专家工作站，三环车桥有限公司开展轻量化产品和节能环保新材料的研发应用，填补了轻量化镂空前轴生产工艺和产品两项国内空白。每件前轴减重 5 ～ 8 公斤，每辆使用了该类前轴的客货车每年可节约燃料 45 ～ 72 公斤。此外，实施“资源节约型非调质化技术在汽车前轴锻造领域的应用研发项目”，探索降低产品成本的节能环保新工艺，使前轴锻造不需要淬火和高温回火工序，省去了热处理设备，缩短了生产工艺并降低了能耗，制造成本降低 25% ～ 38%，具有良好的经济和社会效益。

（2）院士专家工作站目前存在的问题

在充分肯定院士专家工作站带来的企业发展效益的同时，三环车桥公司也客观提出了目前院士专家工作站的问题和建议：①院士专家及其团队的具体指导与企业实际需求结合度还有待提高，真正解决企业面临的现实需求。由于理想化的理论指导与生产实践的复杂情况存在着不匹配的问题，虽然有时候技术方案本身合理，但与生产实践现场情况不符，导致返工情况较多，造成资源、时间的浪费和结题困难，项目实施周期客观被延长。②院士专家因多种原因现场指导次数有限，通过委托他人的方式一方面无法完全体现其指导思想，发挥其最大价值；另一方面指导团队中缺乏一个固定的可长期进行指导的人员。③目前公司面临的主要问题是缺乏专家技术支持。具体来讲，公司亟须对制造流程中细节数据进行提取与研究，但由于企业地处内陆，人才欠缺且整体素质与东南沿海发达地区差距较大，因此，企业对于获取对口专家及其支持缺乏途径。企业尝试通过自身解决问题时往往很难实现，且存在周期长、效率低的问题。④企业与院士专家的合作缺乏风险共担机制。在合作过程中，由于企业与院士专家存在不平等地位，使得企业对院士专家无法提出更多要求。尤其在企业已进行大量资金投入的攻关阶段遇到难题时，企业可能面临合作项目不能达到预期效果甚至项目失败的巨大风险。

4.4 湖北金洋冶金股份有限公司院士专家工作站

湖北金洋冶金股份有限公司（以下简称金洋冶金公司）成立于1985年，1994年改制为股份有限公司，总部位于湖北省谷城县石花镇。目前员工有60多人，研发部门有32人，是专业从事收集处置废铅酸蓄电池和含铝废料、铅基系列合金及再生铝系列合金研制与生产的高新技术企业。公司秉承"资源有限，创造无限"的企业理念，把废旧资源综合利用、节能减排和环境保护有机融合，建立以资源化为核心的循环经济产业模式，实现持续发展。如何通过院士专家工作站促进民营企业发展创新，金洋冶金公司提供了可供参考的分析实例。

（1）院士专家工作站的基本情况与亮点

金洋冶金公司通过参加学术委员会等行业交流会与院士专家进行双向交流与互动，确定双方意向，达成合作协议。公司于2012年建立院士专家工作站，目前有1名院士入站，拥有3个生产基地。建站五年以来，院士专家指导的频次是1年1～2次，团队来往更加频繁。在院士专家指导下，企业在金属回收再利用技术研发方面实现了突破与创新；此外由于院士专家本人的国外留学经历，在对企业当下面临的需求进行指导的同时，还立足于国际竞争市场，协助企业开展了具有前瞻性的研发工作，实现了跨境的知识流动与沟通，推动企业实现领先行业和具有世界性水平的智力产出。邱定蕃院士（中）在公司研发中心现场进行指导（如图4-3所示）。

（2）院士专家工作站运行机制

依托院士专家工作站创新模式，金洋冶金公司制定工作机制，

图 4-3　邱定蕃院士（中）在公司研发中心现场进行指导

建立完善相关配套措施，主要包括：①投入资金和技术，跟进后续发展需求，配合研发与生产。②搭建并整合院士专家工作站、博士后产业基地、研究中心等多种形式的学习、交流与实践平台，对企业开展科研工作提供重要帮助与发挥重大影响的同时，对当前亟待解决问题与行业发展趋势等进行深入的交流。③立足企业、面向行业，通过搭建的交流平台提出具有行业针对性的研究课题，为科研工作的长久发展注入持续动力。④优化权益分配机制，建立健全创新体制机制。⑤成立专门的技术公司，实施工作站技术成果转移转化管理，工作站研发技术成果一旦被企业应用，便会支付相应的技术转移费用。⑥建立知识产权权益保护工作机制，企业和高校联合研发的成果归双方所有，学校作为第一发明人，企业作为第一发明单位，充分保障双方的权益；一旦立项就会有保密协议的签订，保障知识产权成果。

（3）融入企业理念与文化

金洋冶金公司领导对院士专家工作站十分重视，高度认可并充分利用这种高端智力引进工作模式，有效提升企业创新意识和能力，构建企业创新机制和与之相匹配的绩效产出。作为技术密集型的企业，金洋冶金公司“资源有限，创造无限”的企业发展理念是院士专家工作站指导思想与建站原则，立足于现实情况，致力于长期发展的需要，同时切中有色金属再利用的绿色产业主题，成为推动企业发展的重要力量。

（4）建设经验与发展问题

金洋冶金公司基于企业院士专家工作站实践，总结成功经验，反思发展问题：①院士专家工作站作为理论性人才的代表与企业发展中实际运作的实践性人才代表如何进行有效结合与协作的问题。企业针对此问题的解决方案是通过校企之间的人才交流互换和人才联合培养等形式使理论与实践相符，实现有效对接。②企业在技术工艺发展方面投入较多，发展水平稳定，但机械化程度有待提高，智能化研究欠缺。③企业因现实需要，长期以来注重的是短期利益。作为循环经济体发展中的一环，若想要实现可持续发展就要具有战略性发展眼光，需要转变思想观念，将视线从短期利益转移到长期利益上来。④企业缺乏对长远发展做出判断的能力及充足准确的信息情报，目前企业获取信息情报的渠道 / 途径是通过国内外的网站信息检索以及通过同行交流获取，但行业内部成员的高程度合作不一定带来高增长绩效。行业网络的内聚性、边界性和关系依赖性导致集群锁定现象，进而带来功能和认知锁定。如何打破现有知识交流的闭环流动，引入开环的信息情报共享是企业和信息情报机构需要迫切解决的问题。⑤资金缺乏成为短板。目前企业资金对基础研究投入状况良好，能够保持持续跟进；在成果转化方面则面临资金缺乏问题，同时资金短缺使企业持续研发能力受到限制。持续研发和成果转化作为企业实现可持续性发展与突破性创新发展的重要工程，是企业实现长远利益的发展重点。资金成为推动这两项工程发展的续动力。解决资金问题的思路需要进一步地拓展，企业内部的资金投入不是资金获取的唯一渠道，还包括政府的政策与资金支持，以及寻求第三方融资机构支持等。无论是何种渠道，“打铁还需自身硬”，以技术创新推动产业发展是成功吸引资金的核心。⑥受地域和经济发展水平影响，吸引和留住人才很困难，即使是与高校进行合作培养的硕博生也更倾向于东南沿海等一线城市寻求发展。金洋冶金公司在不断优化内部环境、完善内部政策的同时，拟将研发中心迁移至武汉，一方面可以留住现有人才，另一方面还可以吸收以武汉市各大高校为中心向四周辐射的周边地区人才。

在有色金属研发再利用这样的技术密集型行业中，企业面临的是行业准入门槛高、竞争压力较大的局面。建立院士专家工作站对企业的研发工作带来了很大的效益和实际性的帮助。院士专家工作站所发挥的效能不仅是院士专家本人的知识储备，还包括其背后所依托的团队进行固定的交流与智力输出；此外，依托院士专家的学术影响力与学术交流圈，更易于企业立足战略发展的角度进行横向资源的联系与利用。这种潜在的隐性知识的流动与汇聚推动企业在基础研发与成果转化的产业化道路上实现显性成果输出，创造出可量化的实实在在的利润。

4.5 湖北三环锻造有限公司院士专家工作站

湖北三环锻造有限公司（以下简称三环锻造公司）是隶属三环集团的子公司，位于湖北省襄阳市谷城县，是一所采用模锻工艺生产钢质锻件的专业化企业，是中国最大的中、重型汽车转向节制造企业，生产能力达到年产锻件10万吨，汽车转向节250万件，是被评为“中国制造业500强”和“中国汽车工业30强”的汽车行业龙头企业。公司现有员工1586人，其中经营管理和专业技术队伍中，具有大专以上学历649人，占员工总数的40.9%，具有中高级职称以上256人，占员工总数的16.1%。

（1）院士专家工作站的基本情况与亮点

三环锻造公司于2013年9月与院士专家团队开始进行建站前期的工作准备，2014年1月得到湖北省科协批复同意建立湖北三环锻造有限公司院士专家工作站。院士专家工作站签约驻站院士是工程院段正澄院士，研究的领域是自动化加工技术与装备，院士专家的团队院校包括华中科技大学、武汉理工大学、湖北文理学院，团队主要成员的研究方向分别为：塑性成形工艺及设备、汽车与材料工程、机电系统动力学与控制、自动化技术、精密误差补偿及其工艺装备研发、数字化装备控制与数控技术。目前，公司在转向节锻造自动线成型工艺及其数字智能化控制系统研究、转向节加自动线加工工艺及其数字智能化控制系统研究、高精度圆（锥）孔加工工艺及装备、乘用车万向联轴器用球笼及轮毂单元内外法兰精锻成形技术及其工艺装备的研究、空转轴锻造及机加工工艺研发、有色金属模锻件模锻工艺研发、冷温锻精密成型技术及其工艺装备的研究、减少转向节热处理裂纹的工艺难题、转向节锻件加热及余热淬火表面脱碳工艺的研究，以及自动化成套热处理炉精密控制的研究等方面都取得了一定进展。段正澄院士（左二）同公司董事长（左一）在转向节机加工生产现场进行技术探讨（如图4-4所示）。具体成效包括：

①在汽车转向节零件锥孔加工工艺开发工作中，提高了加工效

图 4-4　段正澄院士（左二）同公司董事长（左一）在转向节机加工生产现场进行技术探讨

率，班产量由 80 件提高到 140 件，效率提高 75%；降低了加工成本；提高了产品质量，锥孔表面粗糙度达到 Ra1.6 以下，锥孔圆度达到≤ 0.05。

②在中重型汽车转向节精密锻造形成关键技术研发与产业化过程中，通过研究中重型汽车转向节的锻造、热处理工艺过程，实现转向节的精密锻造并实现产业化。转向节几何精度达到 GB/T12362-2003 精密级，晶粒度达到 8.5 级。

③在铝合金轻量化汽车转向节精锻关键技术研究与开发过程中，建立了材料—工艺—性能一体化设计制造与质量控制模型，开发了铝合金汽车转向节材料—工艺—精度性能一体化设计制造理论和技术方法，完成了 6 种铝合金转向节的试生产。

④在带转向节臂的整体式转向节研发过程中，转向节与转向节臂一次整体锻造成形，替代原来的通过螺栓将转向节与转向节臂连接起来使用的分体式结构，产品寿命提高 20% 以上；锻件重量可减轻 5kg 以上。

⑤在人才培养方面，专家团队在企业内部进行了12次专题讲座和培训，培训超过300人次；通过学历提升活动，6人参加“本升硕”，90余人参加“专升本”。

⑥在经济效益方面，通过院士专家工作站的建立，公司精密锻造转向节年出口超过15万件，实现国际销售收入1000多万美元，促进了公司出口贸易的快速增长。完成了6300吨、8000吨2条智能化锻造生产线和1条机加工自动化生产线建设，形成了年产90万件精密转向节锻件的生产能力。带转向节臂的整体式转向节的研发成功，转向节与转向节臂一次整体锻造成形，锻件重量减轻5kg以上。国内目前还未见有同类型产品报道，属于国内首创，填补了国内商用车领域无此类产品可用的空白。

（2）任务定位与管理考核

三环锻造公司不仅提供了院士专家工作站必要的办公场所，配置可满足相关科研项目所需的办公及科研活动的设备设施，并为签约院士配备专职技术助手和生活助手。而且，三环锻造公司制定了一套系统的管理办法，加强工作站的科学管理，制定规范工作流程，促进企业科技成果转化及应用，充分发挥其在提高企业自主创新能力方面的重要作用。

公司将院士专家工作站定位于基于企业技术创新需求，依托高等院校、科研院所等，聘请院士和专家建立的创新工作平台，其基本任务包括：①建立企业、高等院校、科研机构交流合作机制，搭建人才交流培养、科技成果转化、创新及技改的平台。②以科研项目为载体，解决企业发展中存在的技术难题和瓶颈，满足企业技术创新的需求。③根据国内外精密锻造和自动化加工技术发展趋势，对行业或产业技术领域的发展方向、发展战略提出建议。④引进院士及其团队的技术成果加快在企业中的转化，着力培育企业自主知识产权的自主品牌。⑤借助院士专家工作平台，把高素质、高技术人才引入企业，发挥高端人才的技术引领作用，帮助企业培育科技创新团队。

工作站的管理与考核要求包括：①工作站实行动态管理，期满考核合作者，如需继续合作，企业与院士再次签订合作协议。②企业负责与院士及其科研团队确定具有较高技术水平的研究项目，按照优势互补、互惠互利、保证质量的原则与院士及其团队签订合作协议。③企业院士专家工作站应按照科学、民主、高效的原则，建立富有活力的科研项目内部管理机制。④公司对工作站的运行情况进行定期跟踪检查，对开展工作成绩突出者，给予表彰奖励。⑤企业负责站内研发人员工作期间的行政、工资和组织等关系的管理，完善各项配套制度和有效的保障措施。⑥工作站与院士、专家、专业学会开展有关技术合作活动时，应遵循国家现行法律、政策。⑦工作站不具备法人资格，不得以工作站名义对外开展相关活动，不得以工作站名义设立公章及公文来往。

在经费保障方面的基本举措包括：①“工作站”建站和管理经费经公司委员会批准列入公司日常科技开发预算，同时积极争取上级财政支持。②受聘来公司的院士专家提供免费住宿以及良好的生活服务，并提供国内往返差旅费。

（3）企业与专家合作模式

①战略咨询，包括战略发展规划编制、技术咨询等前瞻性服务。院士专家参与了企业的十三五规划，从《院士专家团队对“十三五”战略发展规划的建议》中可以看出，首先院士专家团队的指导建议使企业对自身的定位与要求及其所承担的责任与树立的形

象有了一个明晰的认识；其次院士专家团队立足于国情与行业发展角度，为企业制定总目标与阶段性目标进行了宏观性指导。

②合作攻关，即以项目为基础，在新技术、新工艺、新产品的开发上联合攻关。典型的攻关项目包括了2015年与武汉理工大学联合承担的湖北省科技支撑计划项目：中重型汽车转向节精密锻造成形关键技术研发与产业化；2016年与武汉理工大学联合承担的湖北省技术创新重大专项项目：铝合金轻量化汽车转向节精锻关键技术研究与开发；2017年与华中科技大学联合承担的湖北省技术创新重大专项项目：锻模3D打印增材制造与再制造关键技术研发及应用。

③成果转化，即以项目为载体，通过直/间接引进院士专家及团队成果，进行成果转化。典型成果包括在汽车转向节零件锥孔加工工艺的技术开发上研制出一种可实现镗刀径向自动调节的弹性镗杆；在汽车复杂锻件智能化制造技术方案开发上研制出一种数控加工状态自学习的刀具磨损监控系统。

④人才培养。企业充分依托院士专家及其团队自身人才和教育资源优势，根据企业的发展需求，通过举办学历提升培训班、专题讲座、选派优秀人员外出学习等方式，帮助企业培养适用性人才。或者通过选派专业对口的学生来企业观察、实践，为高校院所培养人才提供平台。具体活动包括与湖北文理学院联合办学的“专升本”活动；与武汉理工大学联合办学的“本升硕”活动；专题讲座（铝合金的特性及其在零部件制造中的应用；汽车异形转向节精锻技术研发及应用；三环锻造如何执行“中国制造2025”的思考和建议）；湖北文理学院大学生暑期进工厂实践活动。

（4）政策支持与发展需求

面向未来持续发展，三环锻造公司就院士专家工作站提出了以下需求与建议：①联合培养和引进企业适需人才，帮助企业培养科技领军人才和创新人才。②增加院士/专家团队来站服务时间。③从政策上对建站单位进行支持/倾斜，充分发挥企业在科技创新中的主体作用，加强对院士专家工作站的引导和培育，鼓励和扶持企业加大研发投入。④在有条件的地区组建区域性、行业性、综合性的院士专家工作站，建立共性研发平台，扩大研发体系受益面，提升院士专家工作站研发水平、基础作用和影响力。⑤更好地帮助企业提升软实力，如制定标准、申请国际专利。

4.6 案例启示

企业针对技术需求的多样性和多领域的特征，考虑通过加强横向联系以多方引进人才的方式，建立一站多用、由高精尖研发目标转变为研发智力向周边进行辐射的院士专家工作站；也可由政府提供一个点，设置独立的院士专家工作站，作为资源与需求的对接点，成为一个共享中心，辐射各企业，满足企业需求，可以看作是最原始的科技站、文化站诸如此类的形式。此外，企业在信息获取、技术对接方面缺乏一定的渠道和获取途径。

企业对目标完成情况进行相应奖励，涉及技术机密、核心专利，即便是一个集团的都不允许实现共享。值得注意的问题是院士专家团队和企业合作存在不对等的现象，专家团队指导的首先是企业迫切需要解决的问题，对院士专家进站时间没有一个明确的要求，对专家的工作投入量也没有一个定量的要求与评价指标，目前是根据企业需求与项目实施情况来进行协调的。

针对企业面临的众多技术需求，在与高端智力进行对接的过程中，企业需要设计一个具有明确标准和时间框架的选择进程来确保技术的选择是可行的，并能够在合理时间内扩大规模。

从实际的调研情况来看，企业在与院士专家工作站进行合作的过程中除需求与资源有效对接的普遍问题之外，最重要的是缺乏来自政府提供政策支持的基础和保障。处在从工业社会向以知识为基础的社会转型的风口浪尖，政府、企业与广泛意义上的科研机构需要超越传统机制的界限，以协作的方式对“创造性重建”进行实际的、具体的界定，以此来应对外部环境中“创造性破坏”所带来的变化与风险。政府制定相应政策时需要立足于行业与社会整体大环境，在大规模对创新体系有针对性、平衡长短期政策措施的基础上做出战略选择。

第五章
效能篇

襄阳院士专家工作站发展效能分析

本章基于前文的调研分析，结合院士专家工作站质量的内涵，首先对院士专家工作服务效能进行了解析，进而对襄阳院士专家工作站的服务效能表现进行了研判。本章借助知识管理理论，重点考察了襄阳院士专家工作站对智力资源的集聚作用和知识溢出效果。在此基础之上，解析了襄阳院士专家工作面临的主要问题。

5.1 襄阳院士专家工作站服务效能解析

第四章分析的院士专家工作站典型案例是襄阳院士专家工作站的缩影。课题组通过现场调研、走访、座谈，以案例分析入手，知微见著，对襄阳院士专家工作站服务效能做出以下研判。

（1）质量评估与服务品质构建

依据本研究报告第四章制定的院士专家工作站质量评价指标体系，认为襄阳院士专家工作站发展不同步，处于不同发展阶段，质量亮点各有侧重，但总体均达到了基本的建制基准质量，建站实践越久，体现出的效益效能指标越好。由于企事业单位所对接的专家院士团队质量较高，特别是科协职能部门和中科科技培训中心发挥了良好的中介作用，使得院士专家工作站的专家价值较高。至于制约院士专家工作站服务效能发挥的，主要来自服务品质因素（如图 5-1 所示）。

服务品质要素分为服务基础设施、服务意识、服务能力、服务手段等。襄阳各家院士专家工作站都具备较好的服务基础设施和服务意识，但是有些工作站还缺乏一些先进的服务手段，特别是基于信息管理、知识服务的措施手段。

比如针对院士专家团队与企业实践团队的契合度问题，有一些工作站呼唤专家团队更长时间的投入，一些工作站希望获得更为对等的合作地位，还有一些企业指出由于缺乏完善的合作协议，合作项目延期或失败的风险很可能完全由企业承担，这其实是增加了

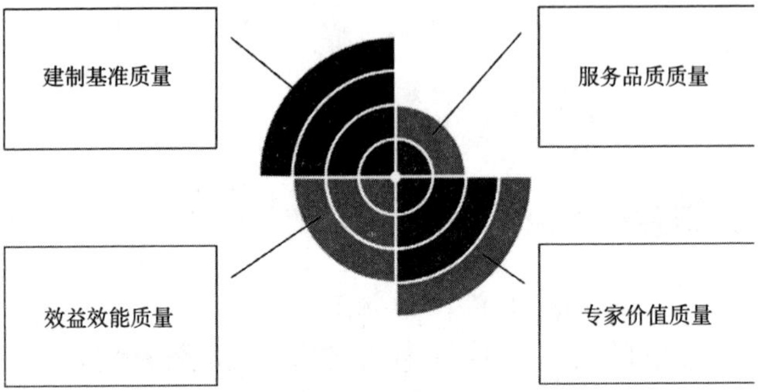

图 5-1　院士专家工作站质量评价要素对比

企业的创新风险。其实设站企业与院士专家团队之间的服务协议是解决上述问题的重要抓手，只是在过去一段时期内，很多工作站服务协议过于简略，缺少规制和指导。

因此可以结合本研究报告第三章提出的院士专家工作站质量体系，将建制基准、服务品质、专家价值、效益效能均体现在服务协议中。需要指出，这里的“服务”是双向的，既包括设站单位对专家团队的服务，也包括专家团队对设站单位的服务，可以引入服务领域通行的服务级别协议，形成专家团队与设站单位之间就服务的品质、水准、性能等方面所达成的双方共同认可的协议或契约。

（2）智力资源集聚作用和知识溢出效果

知识资源的集聚和溢出效应是院士专家工作站产生效能的根本机理。一般来说，区域发展的根本动力来自创新能力的提升，而区域创新能力提升的路径可以归纳为两个方面：其一是加大自身的研发投入和知识积累，依靠内生创新努力来实现创新能力提升；其二是积极吸收外部先进的知识成果和智力资源，通过知识溢出来提高创新能力。在 20 世纪至今兴起的区域创新系统研究中，也把影响创新绩效的决定因素分为两类，其一是内生变量，诸如研发资金和人员投入；其二是环境因素的影响。无论是区域创新研究的经济学推导，还是20世纪中后期至今，世界各国特别是新兴经济体的发展实践，都证明依靠外部知识成果的路径是发展中国家和地区缩小和发达地区技术差距的重要途径。

具体到襄阳的实际，可以发现襄阳具有如下区位特征：①域内部分企业都基本围绕同一产业或紧密相关的产业（如汽车制造）从事产品开发、生产和销售等研发经营活动。②产业内部企业之间具有一个或几个关键显著的产业特征作为连接。③产业内部企业表现出产业分工，如根据价值链形成上下游企业之间的关联。④产业集群内部既有大企业也有小企业，而其共同组成的地区规模结构是影响域内创新产出的重要因素。其中大企业的资源优势保证了大规模的研发投入，并使得企业具有较强的风险抵御能力，对地区的创新产出具有重要影响；而域内数量众多的中小企业虽然规模较小，但却保证了整个集群具有显著的规模优势，确保了襄阳企业集群具有较高的市场占有率。

5.2 襄阳院士专家工作站效能提升机理

以上这些特征都决定了襄阳具有发挥知识资源集聚和溢出效应的良好土壤。

首先，按照熊彼特的理论，创新具有明显的集聚效应，同时，创新活动更容易发生在高素质劳动力资源丰富的地区。襄阳域内制造类企业和高新技术企业，是新产品和新技术的主要产出地。而按照知识溢出的特征，知识溢出对邻近性高度依赖，这使得创新活动通常高度集聚在较小的空间范围内。

其次，区域的知识存量是影响域内创新能力的重要因素。由于知识外部性的特征，区域技术进步和创新能力的提升不仅取决于内生创新努力，也依赖于整个经济体中可以获得的知识存量。在这方面，襄阳具有得天独厚的时空优势。在时间维度上，襄阳自 20 世纪 50 年代末开始具备工业储备，是重要的工业基地，具有半个多世纪的知识存量积累；在空间维度上，襄阳毗邻科教重镇武汉，又是汉江工业带中心城市，紧凑的空间布局更容易导致创新行为的发生。知识溢出的本质正是一种空间溢出。

最后，襄阳本身的产业属性适合知识溢出效应的发挥。制造业生产行为空间集聚对区域创新绩效的影响正是通过集聚产生的知识溢出机制发生作用的。而地区制造业基础也会对本地创新发展产生重要影响，创新集聚与制造业集聚有着密切的内在关系。例如，Paci 等认为一个地区的创新水平显著受到该地区制造业区位特征的影响。[1]

以下从三个方面说明院士专家工作站对于知识溢出效用的推动作用。

（1）知识集聚效应：据 Griliches 的知识生产函数定义，一个地区的创新产出主要受其创新投入的影响，因而创新最活跃的地区往往是那些创新投入最密集的地区。[2] 而创新投入的主体又主要分为企业和大学科研院所两部分。企业创新投入是影响企业技术创新能力重要的因素。襄阳地区企业众多，这也是襄阳创新能力的重要支

1 Paci R，Usai S. Externalities，knowledge spillovers and the spatial distribution of innovation. Geo Journal，1999，49（4）：381-390.

2 Griliches Z. Issues in assessing the contribution of research and development to productivity growth [J]. The Bell Journal of Economics，1979，10（1）：92-116.

撑之一。但是襄阳的弱势是另一个创新投入支柱——大学科研院所的知识投入不足。在知识经济时代的创新投入中，最重要的是人力资本的投入，许多学者认为创新活动更容易发生在高素质劳动力资源丰富的地区，人才资源丰富不仅能提供有力的创新投入，还能通过形成高素质劳动力池来有效地促进本地区的创新。因此谁拥有更高端的智力资源链接，谁就拥有更多的创新优势。

内生增长理论的经典生产函数模型为：

$$Y = \delta L_A^{\lambda} A^{\varphi}$$

其中 Y 可以表示一个区域的知识创新总量，δ 为生产参数，L_A 是科研人员数量；A 代表域内知识存量；λ 为研发人员的生产效率；φ 表示知识生产效率参数。由此可见高端智力资源的介入不仅改变了域内科研人员的数量态势，藉由外来人员的加入提升知识产出效率，从而促进域内的知识创新。

（2）知识溢出效应：溢出在知识领域是指域内企业由于存在某种社会关系（在本研究中即为院士专家工作站）而更容易获得创新信息的一种经济外部性现象。而知识溢出效应是知识的接受者或者需求者消化吸收创新知识促进企业增长而产生的关联效应，主要包括经济效应和技术效应，作为一种非竞争性的知识交换，其产生的溢出效应能够帮助企业以最低的成本获取外部技术，刺激企业的技术创新和技术进步。

在传统上知识溢出的表现形式有两种，分别是交易型和合作型。前一种如专利交叉授权、为知识产权付费等等，仍需要付出一定成本。而在本研究报告第一章所述的开放式创新环境下，合作型的知识溢出表现得更为明显。随着开放创新进程的推进，溢出的侧重点逐渐由交易型转变为合作型。这也是院士专家工作站发展的大背景。

对于知识溢出效应的发挥需要分类来看：一般来说知识溢出可以分为企业间溢出、大学与科研院所溢出以及创新环境的共享三个层次（如图 5-2 所示）。想要发挥知识溢出的效能，必须做好这三个层次的"溢出"。而当前襄阳院士专家工作站处理得较好的方面是表层大学科研机构（院士专家团队）向企业的溢出。通过课题组的调研也发现，基于院士专家工作站完成知识由专家团队向企业的溢出也是当前管理部门认识和实践的重点。相比之下，企业之间的知识溢出以及基于院士专家工作站塑造域内开放共享的创新环境方面的工作还有所欠缺。

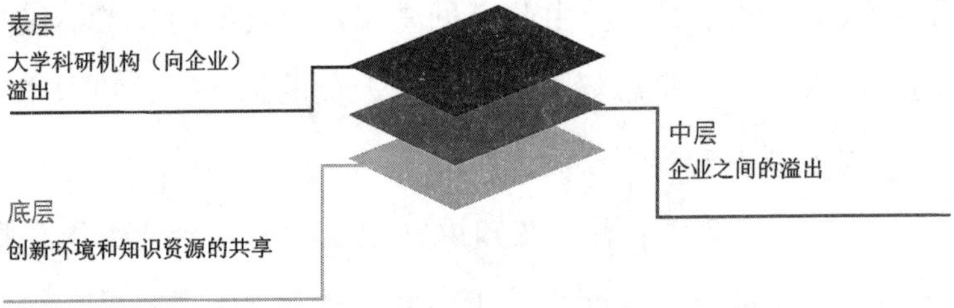

图 5-2　知识溢出的层次

特别是不能忽视创新环境的共享也是创新溢出的重要途径。因为企业和人才更愿意驻点于临近良好创新环境的地点，如临近多样化的中间服务、专业化基础设施和政府、科研机构、高等院校等能提供专业化的培训、研发和技术支持的地区，以降低创新成本，提高创新效率。

另外，作为院士专家工作站的设站单位以及管理部门，也需要明确溢出效应的发挥是和企业规模的大小相关的，也就是大企业与小企业有别。首先对于小企业来说，不少小企业虽然在研发投入上不是很多，但它们的创新产出比较高，这正是由于创新的溢出效应在发挥作用，一个地区的创新投入的提高或创新环境的改善都可能会对临近地区的创新活动产生显著影响。

而对那些大企业，管理职能部门要关注大企业对于“创新溢出”的排斥态度，因为从政府和科协角度看，为了追求社会福利的最大化，肯定会追求知识溢出的最大效果，特别是希望那些得到院士专家团队高端智力资源指导的大企业能够发挥更好的知识溢出效应。但是从企业自身利益来讲，大企业为院士专家工作站进行了巨大投入，付出了巨大成本，而且面临合作研发中的各种不确定性，因此对于自身知识溢出的动机不足是可以理解的，也是市场机制的必然反映。这时就需要政府及科协职能部门发挥市场机制之外政府和社会的力量，形成院士专家工作站效能的“政府—社会—市场”三元治理格局，政府可以利用对驻站企业补贴、财税优惠措施等制度安排间接引导设站企业进行知识溢出。

（3）集聚效应和溢出效应的关系：知识溢出效能发挥的一个重要制约因素来自知识属性本身，那就是知识在区域空间传播时，存在传播时滞以及传播过程中的衰减和扭曲，知识溢出具有随距离增加而衰减的特性。正是由于知识溢出的这种局限，资源的集聚为此提供了便利。集聚区内丰富的知识存量不但降低了创新的不确定性和复杂性，而且日益累积的公共知识池也为后续溢出带来了更多机会。大量来自相同或不同产业的劳动人口汇聚到同一地理空间，营造出知识在人与人之间迅速传递的创新环境，从而促进当地产业创新。产业集聚通过促进域内的知识溢出进而推动了当地产业创新。因此可以说，先有集聚，才有溢出，溢出是建立在一定程度的集聚基础之上的，同时也是资源集聚发挥作用的手段。这也要求院士专家工作站管理部门在前期重视资源的集聚工作。襄阳具有雄厚的历史沉淀和资源禀赋，具有资源集聚的先天优势，当前工作的中心目标就是通过溢出效应发挥资源集聚的优势，从而实现创新目标（如图 5-3 所示）。

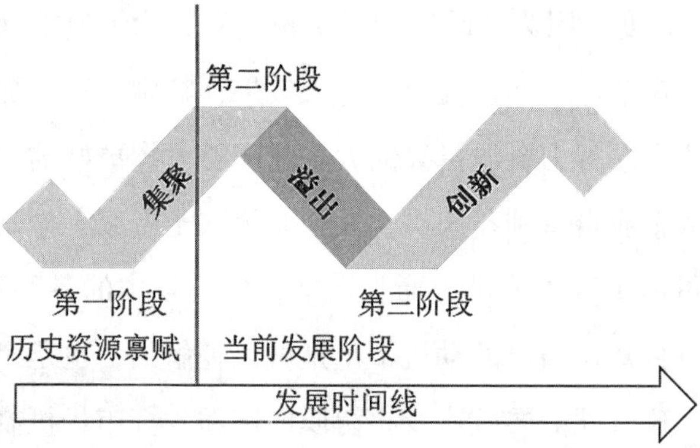

图 5-3　襄阳区域知识溢出效应发展阶段

5.3 襄阳院士专家工作站主要问题解析

通过以上的实地调研与理论分析，我们可以将襄阳院士专家工作站的主要问题列举为如下问题，并且从知识溢出效果和对溢出知识的吸收能力等角度加以解读：

（1）实践能力和研究能力相匹配的问题。这一问题主要表现在几个层面：首先是设站企事业单位内部实践能力和研究能力匹配的问题。襄阳目前有很多家企事业单位都在申报院士专家工作站，普遍存在的问题是专业技术人员缺乏，学术研究与技术研发能力尚待提高。也只有提高了自主能力，才能进一步听懂专家“语言”，掌握专家思维。其次是院士专家团队的学术能力与工作站实践能力的匹配。一些工作站反映出高端智力的理论方法与解决方案无法落地的问题。

（2）缺乏有效的需求管理。企业的需求很多，但是当前缺乏完善的规范化需求处理流程，即对于需求的有效识别、跟踪、处理、反馈、升级等。归根结底是缺乏有效的机构内和跨机构信息管理与知识管理平台。

（3）院士专家工作站的服务方式与企业需求的对接有待强化。院士专家工作站作为高端智力引进的形式之一，目前发挥作用的形式主要有三种，最容易做到的第一个层次是战略咨询，帮助企业明晰战略发展方向；第二个层次是提供产品升级与创新的基本思路；第三个层次是对生产工艺 / 产品缺陷进行改进。第三个层次的要求最高，但也最容易实现技术和工艺的创新，要求合作项目达到更为专业化水准，深入到操作细节，并且涉及多领域与多样化的学科与专业。在本课题的调研中，我们发现其实企业最为需要的往往就是第三个层次，深入细节的院士专家工作站服务，但是这也是目前的服务模式中所欠缺的。

（4）缺乏对高端智力资源团队级别和机构层面的对接。院士专家工作站发挥效力的并非仅院士专家本人，其背后依托的团队以及横向的资源成为指导企业实现需求的重要保障。但是目前很多设站单位的目光仍停留在“人”（院士专家个人）的层面，而缺乏对于高端智力资源所代表的社会资本的有效管理。

（5）区域经济发展水平的限制，导致人才难以留驻。外来的高端智力资源更多的是实现输血功能，但是实现企业创新的根本动能来自企业自身的造血功能，而这里的新鲜血液就是人才。襄阳企业位于内地，和东部沿海发达地区相比，因地域限制和行业领域收入差别过大而导致人才分布不均。制造业机械类人才很难引进，现有人才仅限于维持目前生产。

（6）缺乏有效的激励机制。在一些设站的国有企业中，由于体制机制方面的原因，导致企业基层职称评选困难。加之缺乏有效激励，潜在的人才倾向于前往位于大城市中资源丰富的高校与研究所，以期实现个人发展。这同样弱化了院士专家工作站发挥效能的基础。

（7）不同院士专家站之间缺乏联接，存在“创新孤岛”现象。不同的院士专家工作站及其隶属机构和管理机构在科技创新活动中还存在着分散封闭、交叉重复等碎片化现象，缺乏各主体、各方面和多环节的有机互动。特别是同产业内院士工作站，可能存在重复研发、“重复发明轮子”的问题。此外，由于各站之间缺乏协调联动和信息共享机制，可能存在“我有问题，你有答案，但你我彼此不知”的窘况。

（8）缺乏院士专家工作站发展的长效机制和长远战略。当前的产学研合作仍以短期化的项目为主，但是科技创新活动离不开基础性的研究，而基础性研究又有赖于长期持续的投入，因此院士专家工作站需要建立长远的发展战略，以及探索如何保障资金、人员、团队投入的可持续性。

（9）缺乏中层骨干以及“新”领军人才的培育和储备。考虑到院士专家的资历和特性，专家人群的年纪普遍偏大，而要实现专家知识的有效转移和吸收，最好能够形成“老、中、青”搭配的合理团队配置。而目前有一些工作站的情况是“中青年骨干”这一核心层面的人数比较有限，使得专家的高端智力输出和企业的青年技术工人之间缺乏一个有效的传导。此外中层骨干也是吸收、继承、对接和转移专家智慧的最佳群体。院士专家的驻站期限总会结束，但是由中层骨干发展起来的企业内部“新”领域人物却可以为企业带来更为长远的知识红利。

（10）合作层次较浅，高端智力资源有待深入挖掘。如果单纯追求短期效益，希望工作站能够“短、平、快”地产出成果，那么院士专家工作站或许并不是最合适的方式，甚至是对院士专家高端智力资源的一种浪费。目前一些院士专家工作站围绕产业技术重大创新和关键核心问题所建立的持续稳定的战略合作关系还比较缺乏，针对完整产品、成套技术开发以及技术创新路线所需要的多元和复杂技术创新合作的数量还比较少。

（11）对于院士专家工作站组织管理新做法、新模态的创新不足。当前院士专家工作站的组织形式同质化比较严重，主要局限在项目合作、联合培养、技术转移、委托研究、联合攻关等模式，而共建研发基地、虚拟平台建设、虚拟团队建设、组建研发实体、建立产业技术联盟等新模式的创新还有待加强。

（12）面对院士专家工作站的资源配置有待加强。当前支撑院士专家工作站的人力、物力、财力等资源发展不充分、配置不平衡，与院士专家工作站及设站单位的要求还存在着差距，成为制约院士专家工作站向纵深发展的主要因素。

第六章
对策篇

襄阳科技创新服务体系建设对策和重点措施

本章基于已有理论研究与调研成果，为襄阳科技创新服务体系建设提供对策建议。本章首先提出了襄阳科技创新服务体系建设的基本思路，即从以政府为主体的发展设施建设者、以企业为主体的知识需求方和以院士专家团队为主体的知识智力供给方出发，三方协同合作推动以知识流动为特征的区域创新发展，并促进襄阳市的科技创新服务环境和创新体系的升级，进而从政府层面、企业层面、知识智力供给层面提出了构筑襄阳科技创新服务体系的重点措施。

6.1 襄阳科技创新服务体系建设的基本思路

对于企业来说，作为经济实体的首要目标和落脚点是创造收益，而实现这一点的关键在于改进生产工艺过程中的细节问题，即现实情况中众多实际问题的解决，而院士专家更容易也更倾向于做出宏观层面的战略指导。如何将高端智力与实际问题相对接是目前企业需要解决的问题，其中可能涉及扩大院士专家的职能等。其次是企业如何建立健全激励机制，促进院士专家主动进行横向联系，充分调动其背后所依托的潜在资源，真正做到高端智力的集聚与引进，这涉及企业利益分配机制的问题。目前企业未单独列出明确的利益分配清单，采取的做法是落实到书面上，产生文字性的发展思路；落实到项目中，有实际的产出，据此给予一定的利益。关于进一步的权益分配问题还需要政府相应的政策支持。

从招商引资的角度看待“招才引智”工作。目前招商引资工作处在爬坡阶段，谷城作为投资洼地，政府的补贴政策已经到位，众多企业在此集聚，资金并非主要问题。问题是缺乏搜集信息的渠道/平台，人才、技术、信息短缺，进而产品呈现低端化的恶性传导机制。大数据环境下企业需要实现的是精准化生产。一方面，在生产过程中，具体的解决方案并非一定要院士专家来提供，市场中存在的技术团队和专业公司是企业可以进行知识探索与外延的对象；另一方面，针对企业希望建立多元多领域合作体系的工作站这一设想，暂时忽略其实施的可行性与可能性，现实情况是以中科院为例的研究机构一直以来致力于面向问题的解决，但这些有解决能力的专家或技术人员无对应的有待解决的具体问题，前文提到的信息平台不仅利于现有成果的转移/转化，也可以方便信息的集散与对接。在实现信息情报与企业需求进行对接的同时，还存在技术实力有效沟通的问题。此外，在政府提供政策支持的前提下，企业和政府可以建立双螺旋的合作关系。

从长远发展考虑，企业要扭转思路，不能只注重短期效益，而要保证现有研发的技术在未来 5 ～ 10 年不落后。企业要通过实际绩效与科研产出吸引资源和政府的政策支持，这是一个双向的动态过程。因此，在企业面临知识缺口的当下，对企业现有知识存量的管理同样不容忽视。企业要设置相应的部门进行自有知识存量的管理。各部门在发挥定位、对接专家智力资源的重要作用时考虑采用分层管理机制，即在战略层面和具体实施层面进行相应的区别化管理。

基于以上各方面的战略考虑，从知识生产方式演变的角度，对襄阳科技创新服务体系和院士专家工作站发展过程中所存在现实问题的内在机理进行解读：①知识生产的研究范式由单一学科向跨学科转变。②知识生产的场域发生改变，由传统的知识生产场所向其他部门转移，知识的社会弥散速度加快。③知识生产的主体反思性和社会责任增强，质量控制标准多维。④知识生产的组织多样性和边界渗透性趋势更加明显。因此，从知识生产方式的角度出发，政府应从宏观层面制定恰逢其时的战略指导和发展方针，从普遍意义上重视知识溢出效果和知识人才的培养与优待；企业应摆脱“信息过滤器模式”的束缚，“做最好的自己”同时保持开放；知识供给方应将其高端智力进行产业化与资本化，真正实现服务社会的作用。

从开放创新的视角出发，襄阳科技创新服务体系建设思路的改进需要从以政府为主体的发展设施建设者、以企业为主体的知识需求方和以院士专家团队为主体的知识智力供给方出发，三方协同合作，推动以知识流动为特征的区域创新发展，并促进襄阳市的科技创新服务环境和创新体系的升级。

6.2 政府层面：坚持顶层设计与基层创新并举

政策环境是支撑科技创新服务生态系统运行的前提和保障，政府不是创新和创新服务的主体，但却是科技创新的重要推动力量。因此，在区域科技创新发展和创新人才的引进等方面，政府需要充分发挥其职能，扮演好引导者、统筹者和协调者等多重角色，在战略规划、制度建设、人才引进、资金支持和协同管理等方面发挥其应有的作用。

（1）明确发展道路，做好长远规划

深入贯彻落实十九大关于建设创新型国家的发展要求。结合襄阳当前的经济发展现状和未来发展愿景，制定长远的科技创新发展战略，建立健全科技创新服务体系，完善产学研合作机制。从战略层面强调科学技术和科学人才的重要性，做好推进科技创新服务体系建设的“时间进度表”“地区分布表”和“资金分拨表”等宏观规划。

（2）制定和出台行之有效的政策和规章制度

政府决策部门要建立保障科技创新服务机构有效运行的规章制度以及管理办法，制定从准入、批准、建立、考核到保障等全流程的针对性标准、方法与实施细则。建立行之有效、可落地实施的监督机制、动态评价机制和激励机制等，加强对科技创新服务机构资金管理和应用等的监管，确保机构的运行质量和可持续发展。

（3）优化人才引进环境和机制

区域经济繁荣发展是科技创新服务得以全面开展和发展、人才得以留驻的土壤。政府应积极支持和鼓励科技创新，加强区域经济的全面发展，为实现科技创新驱动提供坚实保障。通过吸引外资企业和东部沿海发达地区的企业入驻、鼓励和支持各类优秀人才创办企业等途径，促进本地区机械类等重点领域中小型科技型企业和经济的繁荣发展，最大限度地为科技人才提供最佳的发展平台。通过制定“引才用才育才”计划，解决科技人才在购房和子女入学等一系列问题上的后顾之忧，形成靠事业集聚人才、靠待遇吸引人才、靠感情留住人才、靠政策激励人才的创新环境。

（4）加大经费支持力度

政府对科技创新服务机构的经费支持可以从四方面来实施：一是将资助和奖励经费列入政府专项资金管理，以财政拨款的方式直接划拨给服务机构；二是以政府投资和入股的方式加以投入，而具体的利益分红则由政府和机构根据具体情况协商确定；三是专项经费资助和投资入股相结合的方式，政府以有偿和无偿相结合的方式为机构提供支持；四是政府以引导风险投资等的方式，吸引第三方融资机构与机构合作，从而实现互利共赢。

（5）构建科技创新服务协同共享平台

探索科技创新服务机构间的协调联动和信息共享的机制，构建跨机构的统一资源共享和交互平台（如图 6-1 所示），以加强科技创新服务过程中各利益相关方的协作。此外，可通过搭建人才综合服务平台、设备共享平台、成果转化交易服务平台和金融服务平台，

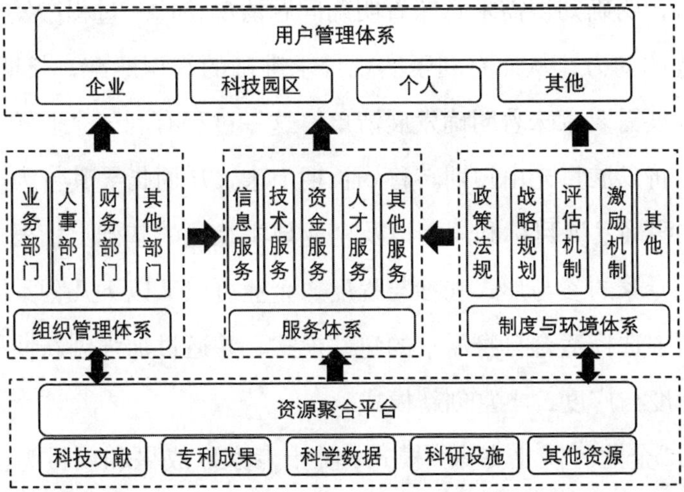

图 6-1 科技创新服务协同共享平台

以及完善《院士专家信息库》《成果发明信息库》等，打破机构间存在的“创新孤岛”现象，为科技创新服务过程提供全方位的服务。

6.3 企业层面：综合长远发展和现实需求逐步落实

企业是科技创新的主体，是科技创新的源泉，也是科技创新服务的直接受益者。因此，在创新型国家发展战略的引领下，襄阳地区的企业在发展过程中应遵循科技创新驱动发展的理念，加大对企业内科技创新平台的投入与支持，努力培养创新型人才，从而促进自有创新技术、自有知识产权、自有品牌和创新型产品的开发。具体而言，应从以下几个方面着手：

（1）明确发展目标，选择合适的建站模式

企业对外进行知识探索需要付出资金、时间和机遇成本等，因此要以目标为导向明确发展需要，以问题为导向明确知识需求。短期来看，明确知识需求意味着明确问题清单，这一过程激发企业解决问题的动力，从而有利于实现寻求准确的知识匹配。长期来看，明确发展需要意味着明确发展清单，这一过程有利于企业转变发展思路，将发展目光由短期转移到长期上来，从而指导其行为。

在明确发展目标和规划以及企业现实状况的基础上，根据企业和院士专家的参与形式和参与程度，企业可以从以下几种不同类型的模式中选择适合自身需求的建站模式，并通过加强创新性科学研究的深度与广度，丰富创新模式。

①“企业＋院士专家”模式：院士专家以成果和项目为衔接直接与企业开展技术研发和转让活动，技术难题攻关和其他业务分离，分别由院士和企业完成。

②“两院＋项目＋企业”模式：中科院、工程院直接创建或参与投资的企业的形式，院士专家作为智力资源投入，参与企业的创建。

③“两院＋地方研究院所（高校）＋企业”模式：将项目作为桥梁把中科院、工程院、地方科研院所或高校与企业进行有机连接，两院和地方研究院所或高校联合研究开发，由企业进行投资生产。

④“地方（企业）＋科技副职”模式：两院院属各机构根据社会经济发展需求遴选出科技和管理骨干，据地方需求，任职地区分院推荐，地方政府主管部门统一并经企业同意，两院备案后选送到地方政府或大中型企业（集团）全职担任科技副职，科技副职在院地合作中发挥了桥梁纽带作用，推动科技成果的转移转化。

⑤“平台＋院士专家＋院士中心”模式：该模式主要是由院士专家在开发区、工业园区内建立院士中心（工作站），为区域产业发展提供服务，适合于具有多样性产业格局的园区。

（2）创新合作形式，深化合作力度

在具体的合作过程中，企业要从发展长远考虑，深入挖掘院士资源，这包括院士专家个人及其背后所拥有的团队和智力成果等。根据合作的形式和深度对合作类型进行划分，院企合作类型包括关键技术突破型、研发能力提升型、高层次创新团队培育型、行业战略联盟构建型、产业集聚区服务中心型、开放式资源整合型和科技成果转化型等多种形式。企业应着眼于长远利益，拓展现有合作形式，采取多种合作形式灵活结合的方式，充分利用高端智力资源，争取在新技术、新问题、新产品和新品牌等多个方面有较大的突破和创新。

（3）加强科技创新服务的制度化、体系化和流程化建设

将以院士专家工作站为代表的科技创新服务机构的建设和发展纳入企业的发展规划和蓝图中，为其制定有益于企业和其自身实现长远发展的战略规划和目标，使得以院士工作站为代表的科技创新服务机构成为企业建制化的存在。将以院士工作站为代表的科技创新服务机构纳入企业的组织架构和体系中，作为企业的一部分与其他部门能够相互协调，共同促进组织的良性发展，例如，可以通过设置具体的部门对创新服务机构进行区别而有序的管理。企业与知识智力供给方的合作需要在细分功能的基础上设置具体的部门进行管理，其中包括战略层面的管理和实施层面的管理，也可理解为原先企业经过长期发展而积累的自有知识存量和如今经过与知识智力供给方合作而产生的现有知识流量的管理。建立创新协同平台，规范创新服务流程，制定统一的操作步骤和指南，从而实现对需求有效识别、跟踪、处理、反馈和升级等全过程的快速反应和高效处理。

（4）优化企业内部资源配置，增加对科技创新的投入

在企业宏观战略规划的指导下，将以院士工作站为代表的科技创新服务机构的建设和发展逐步加以落实。不断推动企业向创新型方向发展，对企业内部资源进行重新划分和配置，把更多的人力、物力、财力等资源向新技术开发和新产品研发等层面倾斜，并保障投入的可持续性，强化创新服务的支持力度，推动创新服务机构向纵深发展，充分发挥其效能，从而提高企业的经济发展能力和竞争能力。

（5）加大外部人才引进和内部人才培养的力度

一方面，企业内部人员与知识提供方在技术实力沟通方面的进展是企业解决问题的关键；另一方面，在对外进行知识探索的同时，能力较强的内部人员更具知识外延的敏感性与适应性。因此，提高内部人员的学术能力和丰富其科研内涵是企业目前培养人才的重点。此外，企业在创新发展过程中应制定有效的人才引进政策，建立高效合理的激励机制，强化企业对创新型人才的吸引力度，吸引国内外的中青年人才加入企业人才团队，并加大对内部人才的培养力度和提升力度，提高企业实现知识外延的能力。

（6）建立健全利益分配机制和风险共担机制

在与知识供给方的合作中利益与风险并存，良好的利益分配机制有利于激发知识供给方的辛勤付出与无私奉献；合理的风险共担机制有利于降低知识供给方不规范行为发生的风险性，提高合作成功的可能性。

6.4 共治层面：建立多方参与的院士专家工作站治理体系

2013 年党的十八届三中全会通过的《中共中央关于全面深化改革若干重大问题的决定》提出了明确不同文化事业单位功能定位，建立法人治理结构，完善绩效考核机制，推动有关公共服务部门组建理事会，吸纳有关方面代表、专业人士、各界权重参与管理。这一思路可以为建立多方参与的院士专家工作站共治体系提供重要参考。

院士专家工作的建立、发展、运营、评估、监督、提质、增效由于涉及了高校科研单位的专家学者、企事业单位的科研团队和管理团队、政府及公共服务部门，还有科协团体等各类机构，各方既具有不同的立足点和诉求，又在目标上具有交集，因此有利于形成多元共治的格局。

在具体执行层面，可以成立类似地方科技服务平台管理委员会或专家理事会的形式，吸引政府专业职能部门、公共服务部门、主管机构团队、驻站专家团队和所隶属高校科研单位、设站企事业单位的专家组织。其基本要点在于：①创新院士专家工作站以及相关科技服务平台的管理体制和运营机制，实现政事分开和管办分离。②真正实现院士专家工作站建设运营过程中“政府的归政府、市场的归市场、社会的归社会”，减轻设站企事业单位的负担，消除其对于政策、资金、人力、资源等方面的顾虑；同时也简化与优化政府的职能，消除政府机构在设站管站过程中大包大揽的情况，而将工作重点放在监管上。③充分发挥市场机制的作用，通过“政府采购公共服务”（PPP）的形式，引导市场上的优质科技创新服务供给主体加入院士专家工作站平台等的建设，实现智力资源、人力资源、技术、工具、平台、服务的优化配置与集聚。④落实设站企事业单位的法人自主权，对于设站单位在择人用人、资金支持、平台建设、资源配置方面放权赋权，提升其自主性和积极性。

通过建立委员会或理事会制度，实现顶层设计和协商机制，保障院士工作站作为多方参与的非法人实体在实际工作中的权责认定。同时，有效承接平台的重要决策、日常管理、自我监督职能。

考虑到院士专家工作站平台的非法人实体地位，可以将其视为"独立运营单元"（IOU），在建设运营过程中可享受"准法人"地位。这也有赖于地方政府明确的政策支撑保障，可以发布明晰院士专家工作站准法人地位的配套文件。

6.5 知识智力供给层面：推动知识资本化发展和建立企业利益耦合关系

（1）转变研究观念，实现双重目标发展

随着学科和领域发生的认知变化，知识智力供给方需要转变传统的研究观念，将"扩展知识"纳入"知识资本化"中，向创业科学转型，达成追求真理和实现盈利的双重目标。

（2）定期进行实践勘察，做出理论符合实践的指导

一方面，在科学研究的过程中，要加强对理论的实际应用研究，通过建立数学模型和实验室的具体实践操作等手段，验证相关技术理念和方法等的可行性；另一方面，通过实地勘察不断打磨相对理想化的指导思想，从而与实际的情况更加契合。

（3）优化团队配置，有意识地培育和储备“新”领军人才

院士专家工作站作为高端智力的典型代表，对自身价值的衡量与现实对其的需要已经到达了相对成熟的阶段，因此以院士专家为首的团队负责人应有意识地培育和储备“新”领军人才，增加“中青年骨干”的比例，优化团队人员学术年龄的合理配置，使得中青年人才成为团队的主力。

（4）明确自身优势的同时包容平等合作关系的存在

知识智力供给方具有“无与伦比”的学术功底、“先知先觉”的敏感意识和触类旁通的研究能力等多重优势，作为利益相关者一方拥有较多话语权和重要的地位，和知识需求方之间无形中已形成了天然的合作势差。也正因如此，知识智力供给方在通过付出获得回报的同时应出于道义层面对自身有更高的要求，理解知识需求方的处境，包容平等合作关系的存在。

6.6 关于完善“襄阳模式”促进科技创新服务、承接高端智力引进聚集效应的对策建议

根据上述研究成果，可以得出以下结论：襄阳科技服务创新体系经过多年发展和探索，已经取得初步成效，并且逐渐形成了一套既带有襄阳特色又具有推广价值的发展模式，我们可以称之为“襄阳模式”，其核心内容可以概括为——襄阳模式充分利用了开放式创新环境下人才智力资源快速流动的特点，依托院士专家工作站等创新支撑平台，承接高端智力资源的引进和溢出效应，实现创新资源的协调、共享和优化配置，形成一条引入外部智力增量、激活本地知识存量、带动区域可持续发展的创新之路。

襄阳模式是“创新、协调、绿色、开放、共享”发展理念在区域人才工作、科技创新服务等方面的落实和具化。为了进一步完善、优化和发扬“襄阳模式”，在“五大发展理念”指导下，针对政府决策部门，提供以下资政建议：

（一）进一步将院士专家工作站等科技创新服务平台作为襄阳地方创新战略的战略支点，发挥院士专家工作站的“平台作用”和“赋能作用”，加强对各类创新服务平台的资金支持和扶持力度，重点打造、优化和推广“襄阳模式”，形成襄阳科技创新服务体系的创新发展之路。

具体建议包括：有效收集和回应院士专家工作站设站单位的需求，在进行资金、人员、政策、硬件支持时，要实现“精准投放”，避免资源的浪费；建议可以实施“一站一策”制度，即根据不同平台的具体情况，发挥建站单位的积极性和主动性，鼓励建站单位自主设定效能考评指标；政府部门做好监督和评价工作，通过建立和完善工作站服务标准、评价指标体系，做好质量管理和质量评价工作；政府部门针对院士专家工作站做好面向“放、管、服”的职能转变；政府部门需要有效发挥智库专家和高校研究机构的优势，对于开放创新环境的变化趋势以及出现的新情况、新问题进行精确识别和把控；特别是针对近年以来国内出现的人才向中西部区域回流、各地人才争夺日趋激烈等新趋势需要持续跟进关注，并在决策层面做出回应；建议组织专家资源、协调当地人力资源和社会保障等部门，对于襄阳及周边地区的人才流动情况进行现状摸底和趋势判断，在住房、待遇、福利、发展空间等方面优化引才环境，确保在日趋激烈的地区“人才竞争”中占据有利地位；建议组织专家学者在理论层面进一步挖掘和深化“襄阳模式”内涵，使之体系化、落地化；可加强对于“襄阳模式”的宣传力度，从出版、培训、展览、会议等多个角度发力，提升“襄阳模式”的影响力、显示度和知名度，就此可出版发表系列论文和图书、宣传资料；在执行层面完善对于“襄阳模式”效能的评估，利用本报告提出的评价指标体系框架进行实证测评，进一步显示院士专家工作的效果。

（二）进一步加强不同院士专家工作站之间、院士专家工作站与其他创新服务平台与创新业态之间的连接，优化配置、形成体系、形成合力，形成襄阳科技创新服务体系的协调发展之路。

政府管理部门需要重视当前襄阳区域内各院士专家工作站之间沟通不畅、共享不足、协调乏力的现实。具体建议包括：构建创新服务平台的协调联动机制成为当务之急；首先需要摸清区域内不同类型、层次的创新服务平台的职能定位、服务对象、管理主体和具体现况，形成目录清单；在不同机构和管理主体间建议成立协调小组或联合工作小组，确保政策的统一和工作协调联动；完善创新服务平台治理体系，理清建设主体、出资主体、管理运营主体等各类利益相关方，明确职能分工，将不同平台的共同分工职能进行整合，建议建立若干个共享服务中心，如业务办理中心、知识共享中心、专家集中办公点、技术交易大厅等，将分散的服务职能整合到一处，提供“一站式”服务；建议根据服务对象的不同，设计服务分级目录，例如依据企业级服务对象、个人服务对象、团队服务对象进行划分，以及依据企业类型、企业性质、发展成熟度（如大型企业、初创企业、小微企业、创新创业团队等）进行划分，面对不同层次的服务对象提供有针对性的服务样式；进而有效整合院士专家工作站、双创空间、技术交易平台和孵化器等不同创新业态；特别是需要让院士专家工作的影响力不仅局限于设站企业，而且要惠及产业链上下游、产业集聚的成员以及初创型企业、中小企业等。

（三）进一步重视院士专家工作站等创新服务平台的建站质量和成本效益考量，提升资源利用效率，避免资源浪费和重复建设，贯彻可持续发展理念，带动建成“环境友好型、资源节约型”的创新生态，形成襄阳科技创新服务体系的绿色发展之路。

具体建议包括：在审批建设新的院士专家工作站时，应优先考虑节能环保型产业和企业，发挥良好的政策导向；在建设院士专家工作站及相关配套设施的过程中，应注意节能环保技术的采用和对新一代智能技术的引入；倡导空间开放、资源共享和知识复用，避免重复建设、重复投资；对于已建成的院士专家工作和其他创新支持平台，需要依据评价指标体系进行效能评估，切实减少各类平台的“空置率”和“空转率”，提升利用率；需特别重视高端智力资源、院士专家资源在帮助具体企业和整体产业在“节能减排”“转变增长方式”方面发挥的作用，建议适当将此纳入对院士专家工作站的考评体系中，增设“绿色指标”，发挥评价的导向作用。

（四）进一步打造开放的创新生态，坚持开放发展，利用开放红利，把握智力资源流动特性，打造“智力环流”，一方面重视人才引进，另一方面也要重视知识产品和成果的输出，主动对接国家和区域发展战略，提高开放进程中的内外联动性，形成襄阳科技创新服务体系的开放发展之路。

具体建议包括：首先需要进一步把握国家和区域开放进程中的新趋势、新变化、新动能；开放政策和措施需要有坚实的研究工作支持，需要从历史、现实和未来等不同维度把握襄阳在开放进程中的定位；建议以国家纪念改革开放 40 周年为契机，系统梳理和回顾改革开放以来襄阳经济发展、企业发展特别是科技创新方面的工作，厘清开放与发展之间的相互作用，总结开放对科技创新的作用以及相关经验；同时，准确把握国家当前和未来日益扩大的开放政策对于襄阳科技经济工业发展带来的利好和挑战（例如开放外资进入、保护知识产权等事项），提前布局，展开研究和规划，做好部署和应对；要特别注意将襄阳的科技创新服务理念和体系进行改造，以适应开放环境下创新资源快速流动的特点，改变襄阳地区的智力资源流动态势，从“智力流出”走向“智力流入”，进而形成“智力环流”生态，让流动的资源产生效益，让开放的资源“为我所用”；建议改变传统上期望人才“居一地而终老”的思想，而是利用中短期合作项目、组建虚拟合作团队、进行远程支持等多种形式，打造灵活的合作形式；建议依托“襄阳模式”，在区域内形成一定程度的主导权和话语权，充分对接“一带一路”倡议、长江经济带建设，发挥襄阳的区域优势，让院士专家工作站等创新服务平台成为发展门户经济、枢纽经济、流动经济的战略支点之一，使襄阳成为凝聚资源的创新高地。

（五）进一步打通创新资源之间的壁垒，消除“创新孤岛”，实现创新资源的共建共治、共用共享，消减智力资源投放和分布的不平衡现象，着力推动信息和知识共享，形成襄阳科技创新服务体系的共享发展之路。

政府管理部门需要重视当前襄阳区域内不同创新服务平台之间存在“创新孤岛”“信息孤岛”的现实。具体建议包括：建立信息共享平台和知识共享中心，一是有效对接信息需求和高端智力资源供给，二是将个别平台的优秀经验和最佳实践进行复用和推广；建议院士专家工作站（特别是具有典型示范作用的平台）定期进行项目经验萃取，形成手册、记录、表单等形式，由知识中心进行收集归档，通过宣传、培训、讲座等形式进行推广；建议各家企业和设站单位尽快完善内部知识管理制度，设立知识管理专职岗位或职能，并与知识共享中心对接；企业知识管理部门需要更加重视对于院士专家等高端智力资源的隐性知识挖掘，通过“干中学”“做中学”，在项目合作实践中及时提取和总结隐性知识，避免有价值知识的流失；所总结形成的知识成果和记录可以分为通用性知识和专有知识，专有知识为企业所保存，而通用性知识则上传知识共享中心的知识平台，实现平台成员单位的知识共享；知识共享中心需要及时梳理企业的具体需求和对应产经工作，完善知识库的体系架构，进行知识采集、积累和储备，成为不同企业交流的桥梁和共通的资源池；建议丰富和拓展日常交流形式，从传统的“一对多”的专家讲座培训拓展为“多对多”的网络社群交流，以及“一对一”的高水平指导；从治理制度上消除共享的障碍，建立区域或行业层级的知识联盟，完善企业知识披露制度和共享制度等。

参考文献

[1] 中国政府门户网站."开放式创新"是国家未来经济发展战略中的核心理念.[EB/OL].[2018-01-01]. http://www.gov.cn/2014-10/15/content_2765480.htm.

[2] 杜一平，王前，许迎军.智力资源基本概念的辨析[J].科技管理研究，2006(12):34-36.

[3] 孙林叶.智力资源的内涵及特征[J].生产力研究,2003(04):75-76.

[4] 王刚，李志祥.智力资源与企业竞争力提升[J].商业时代，2006(25):49-50.

[5] 科技日报.充分发挥战略科学家在国家科技创新规划决策中的引领作用[EB/OL].[2018-10-01]. http://finance.china.com.cn/roll/20160529/3743843.shtml.

[6] 赛迪智库中小企业研究所.美国中小企业公共服务平台的成功经验及启示[J].现代产业研究，2013(5):76-80.

[7] 世界上最大的综合性科学团体——美国科学促进会[J].科技导报，2009(2):111.

[8] 夏澈.美国孵化器之鉴[J].新经济导刊，2014(12):63-66.

[9] 全球知名技术交易平台和技术转移机构介绍[J].中国高新区，2010(7):40-42.

[10] 李纪珍，闫立罡.欧盟创新驿站网络对中国科技中介机构

发展的启示 [J]. 科技政策与管理，2006(5)：36-40.

[11] 杰夫·豪. 众包：大众力量缘何推动商业未来 [M]. 北京：中信出版社，2009.

[12] 刘彦，李毅红. 全球化与东亚地区经济发展的人才对策 [J]. 科学学与科学技术管理，2002(12)：78-82.

[13] 白雪洁，庞瑞芝，王迎军. 论日本筑波科学城的再创发展对我国高新区的启示 [J]. 中国科技论坛，2008(9)：135-139.

[14] 马永斌等. 科学园区大学主导与政府主导模式的利弊分析——基于剑桥科学园与筑波科学城的对比 [J]. 科技管理研究，2010(6)：32-34.

[15] 钟坚. 日本筑波科学城发展模式分析 [J]. 世界经济，2001(9)：31-34.

[16] 张国安. 高新科技园区聚变效应的模式研究 [J]. 中国软科学，2007(7)：176-186.

[17] 苏友珊. 台湾产业集群之源起与演进 [J]. 科学学研究，2014，32(1)：14-23.

[18] 李燕萍等. 基于企业创新主导的区域创新体系及其要素协同 [J]. 科技进步与对策，2014，31(13)：54-58.

[19] 李晔，王舜. 台湾新竹科学工业园区的发展模式及启示 [J]. 科学源管理研究，2006，24(3)：118-120.

[20] 高运胜等. 三螺旋结构下台湾政产学合作模式分析——以新竹科学园区为例，2013(6)：109-113.

[21] 林利剑等. 世界一流科学园产城融合的分异、趋同及其启示——以硅谷与新竹科学工业园为例 [J]. 科技管理研究，2014(8)：33-37.

[22] 丁志军 . 新加坡裕廊岛工业园成功因素分析 [J]. 东方企业文化，2011（23）: 80-81.

[23] 刘友建 . 新加坡开放裕廊工业区的经验以及对我国的借鉴 [J]. 中国商贸，2013（19）: 1818-183.

[24] 宋振庆 . 新加坡裕廊之道 [N]. 中国房地产报，2014 年 3 月 10 日 : B3 版 .

[25] 田伯平 . 新加坡开发裕廊工业区的经验与借鉴 [J]. 国外社会科学情况，1994（6）: 1-4.

[26] 打造中关村人才“硅谷”[N]. 光明日报，2016 年 5 月 7 日 : 06 版 .

[27] 张江启动人才计划 [N]. 解放日报,2017 年 7 月 29 日 : 02 版 .

[28] 从人的角度布局张江科学中心 [N]. 解放日报，2017 年 3 月 8 日 : 02 版 .

[29] 罗芳等 . 自主创新示范区创新能力对经济增长的实证研究——以武汉东湖自主创新示范区为例 [J]. 科技和产业，2016，16（9）: 87-93.

[30] 徐敏 . 自主创新与产学研合作的研究 [J]. 现代管理科学，2007（7）: 78-79.

[31] 戚敏 . 产学研合作与科研创新模式的研究 [J]. 学会，2010（12）: 32-35.

[32] 王海军等 . 组织学习与模块化嵌入的产学研合作联盟研究 [J]. 科技进步与对策，2017，24（17）: 55-63.

[33] 周大亚 . 促进科技信息的扩散及应用 : 以中国农学会为例 [J]. 科协论坛，2014（9）: 9-11.

[34] 杨丽 . 浅谈学会院士专家工作站的运行管理 [J]. 学会，

2013(1):56-58.

[35] 赵武，张颖，石贵龙.质量机能展开(QFD)研究综述[J].世界标准化与质量管理，2007(4):56-61.

[36] 韩兴国，赵遐.质量机能展开(QFD)在银行质量管理中的扩展应用模式[J].经济研究导刊，2011(9):66-67.

[37] Markides.C. Fast Second : How Smart Companies Bypass Radical Innovation to Enter and Dominate New Markets[M].New Jersey : Jossey-Bass，2004.

[38] Stefanie Boring.Organizing new business development : open innovation at Degussa[J].European Journal of Innovation Management，2008(11).

[39] Darrell Rigby. Open Market Innovation[J]. Harvard Business Review，2007(10):68.

[40] Huizingh.E. Open innovation : State of the art and future perspectives[J]. Technovation，2011(1):2-9.

[41] Almirall.E. Open versus closed innovation A model of discovery and divergence[J]. Academy of Management Review，2010(1):27-47.

[42] Chesbrough.H.W. Open Innovation : The new imperative for creating and profiting from technology[M]. Boston : Harvard Business School Press，2003.

[43] Dahlander.L. How open is innovation[J]. Research Policy，2010(6):699-709.

[44] Martin.The benefits of publicly funded research[OL].[2014-11-07] www.erawatch-network.eu/reports/sewp161.pdf.

[45] Benefits to the Private Sector of Open Access to Higher Education and Scholarly Research[OL]. [2014-07-11].

[46] Drucker.P. F.The theory of the business[J]. Harvard Business Review, 1994(5): 95—104.

[47] Keld. Laursen. Open for innovation: The role of openness in explaining innovation performance among UK manufacturing firms[J]. Strategic Management Journal, 2006, 27(2): 131-150.

[48] Ansoff, McDonnwlle.Implantingstrategic management[M]. 2ndeds. Englewood Cliffs. N. J: Prentice Hall, 1990.

[49] Teece. D. J. Technological change and the nature of the firm. Technical Change and Economic Theory[M]. New York: Pinter Publishers, 1988: 256–281.

[50] Drucker.P. Post Capitalist Society[M]. New York: Butter Worth Heineman, 1993.

[51] O. E. Hansen, B. Sondergard, S. Meredith. Environmental Innovations in Small and Medium Sized Enterprises[J].Technology Analysis and Strategic Management, 2002, 14(1): 37-56.

[52] Joseph M. Juran.Management of Quality Control[M].New York: McGraw-Hill, 1967.

[53] Philip B. Crosby. Let's talk quality[M]. New York: McGraw-Hill, 1989.

[54] Feigenbaum.Total Quality Control[M]. New York, McGraw-Hill, 1965.

附录一

关于加快建设万亿工业强市的意见

（2015年8月6日襄阳市委、市政府“襄发〔2015〕20号”文件印发）

为全面推动工业转型跨越，加快建设万亿工业强市，强化汉江流域中心城市建设的产业支撑，现提出如下意见。

一、总体要求

全面落实科学发展观，坚持“产业第一、工业优先”战略不动摇，主动适应经济发展新常态，抢抓新一轮科技革命和产业变革的重大机遇，按照“放手发展规模、努力提高质量”的总要求，深度融入“一带一路”和长江经济带建设、中国制造2025、长江中游城市群发展、汉江生态经济带开放开发等国家和省重大战略，强化改革引领，突出创新驱动，注重绿色发展，大力实施优势产业壮大、企业改造升级、产业支撑能力建设、制造业开放引领、生产性服务业跨越“五大”计划，强力推进数字化、智能化、网络化、服务化“四化”改造，积极培育新技术、新产业、新业态、新模式“四新”经济，加快推动制造业向中高端迈进，努力保持工业经济中高速发展，着力打造具有比较竞争优势的先进制造业基地。

二、主要目标

（一）产业规模

工业投资支撑力持续增强，到2018年累计完成工业投资突破7000亿元，技改投资占工业投资的比重达到50%以上；主导产业加速集聚，推动汽车及零部件、农产品深加工等2个产业迈上3000亿级新台阶，努力培育装备制造、电子信息、医药化工等3个千亿级产业，节能环保、新能源新材料等2个500亿级产业；工业经济总量实现倍增，全部工业产值到2018年达到1万亿元，2020年达到1.2万亿元。

（二）质量效益

制造业增加值率逐步提升，到2018年提高1.6个百分点；制造业质量明显提升，到2018年，制造业质量竞争力指数高于全国全省平均水平，新增中国驰名商标30件主持或参与制定省级以上标准40项。

（三）工业结构

到2018年，传统产业加速转型，规模以上企业数字化研发设计工具普及率、关键工序数控化率分别达到65%和45%以上；高端产业加速集聚，战略性新兴产业增加值和高新技术产业增加值占GDP的比重分别达到13%和2.7%；市场主体加速成长，规模以上工业企业新增1000家左右；制造业与服务业融合发展取得明显成效，生产性服务业占服务业的比重达到50%。

（四）创新能力

到2018年，新引进国内外高层次创新创业团队80个左右，新认定高新技术企业160家以上，新增工业发明专利授权300件以上，新认定高新技术产品400个以上，培育“互联网+工业”示范企业200家以上。

三、主要任务

（一）实施优势产业壮大计划

按照“延伸产业链、提升价值链、强化创新链”的思路，推进主导产业高端化、传统产业品牌化、新兴产业规模化，全力打造“一个龙头、六大支柱”优势产业集群。

壮大汽车及零部件产业。以支持整车企业新车型研发设计制造、壮大零部件模块化研发制造产业链、提升总成及关键零部件近地化配套能力为重点，推动汽车及零部件产业高端化发展；以构建“两纵三横”研发制造体系、检验检测等公共技术平台、多元化充电设施网络、区域性运营服务体系为重点，突破性发展新能源汽车产业；以引进整车及关键零部件企业为重点，积极培育高端摩托车产业。到2018年，力争汽车及零部件产业产值达到3200亿元，其中新能源汽车产业产值占比达到四分之一左右，全力打造“中国新能源汽车之都”。

壮大农产品深加工产业。重点推进纺织服装和食品加工业发挥优势，创新发展，转型升级。以研发生产新型纺织材料和高档面料、引进先进印染后整理技术和工艺、发展创意设计、开发生产高端服装制鞋和家用产业用纺织品、引进培育知名品牌为重点，提升纺织服装产业层级。以开发安全、有机、营养、方便、休闲食品，壮大酿酒、功能性饮料和保健性饮品，发展粮食、油脂、畜禽、果蔬、茶叶精深加工为重点，提升食品加工业发展水平。到2018年，农产品深加工产业产值突破3000亿元，其中纺织服装产业达到1000亿元，食品加工行业达到1800亿元。

壮大装备制造产业。突破性发展智能制造、航空航天、轨道交通、应急救援为主的高端装备制造业，提升壮大农业机械、工程机械为主的机械制造业，到2018年，力争装备制造产业产值突破1500亿元。

壮大电子信息产业。按照“整机+配套、生产+研发、硬件+软件”的模式，加快培育云计算、物联网、北斗导航、集成电路、新型显示等新一代信息技术产业，壮大消费电子，突破家用电器，到2018年，力争电子信息产业产值达到1000亿元。

壮大医药化工产业。以发展生物技术药物、化学创新药物、现代中药和医疗器械为重点，壮大生物医药产业；以推进磷、硅、钛综合利用、精深加工、循环发展为重点，壮大精细化工产业链；以小河港煤炭储备基地为依托，培育煤化工产业链，到2018年，力争医药化工产业产值达到1000亿元。

壮大节能环保产业。以国家城市矿产示范基地、国家新型工业化产业示范基地为依托，加快发展再生资源利用产业；以节能电机、电机节能与控制设备、大气治理设备、城市及工业污水污泥处理设备、危险固体废弃物处置设备、烟气脱硫除尘系统装置等研发生产为重点，大力发展节能环保装备产业，到2018年，力争节能环保产业产值突破500亿元。

壮大新能源新材料产业。大力发展光伏发电、生物质发电、低速风电及新能源装备研发制造，培育壮大高端金属结构材料、先进高分子材料、新型无机非金属材料、高性能复合材料、新型建筑材料等特色产业集群，到2018年，力争新能源新材料产业产值达到500亿元。

（二）实施企业改造升级计划

深入实施创新驱动发展战略，推进企业改造升级、扩能增效，加快形成以创新为主要引领和支撑的工业发展模式。

实施智能制造工程。深入开展“互联网＋工业”行动，推动新一代信息技术与制造技术融合发展，加快推进“襄阳制造”向“襄阳智造”转变。推进制造过程智能化，开展“机器换人”试点，支持有条件的企业建设智能工厂或数字化车间，推广应用全生命周期管理、客户关系管理、供应链管理等智能管控系统；推进商业模式和业态创新，引导和支持企业发展基于互联网的个性化定制、众包设计、云制造等新型制造模式，探索移动电子商务、在线定制、线上到线下等创新模式，建立“研发＋代工＋营销”“产品＋服务”、提供系统集成总承包和整体解决方案服务等新型商业模式，加快推进生产型制造向服务型制造转变。

实施技改提质工程。全面开展工业产品质量提升行动，制定主导产业技术改造投资指南和重点项目导向计划，重点支持主导产业、高端产品、关键环节进行技术改造，引导企业运用先进适用技术和装备，采用国内外先进标准，普及卓越绩效、六西格玛、精益生产、质量诊断、质量持续改进等先进生产管理模式，全面提升设计、制造、工艺、管理水平。大力推进制造业品牌建设，支持重点企业争创国家级工业品牌培育示范企业，扎实推进高新区国家汽车产业集群区域品牌试点示范区建设，着力打造市场竞争力强的品牌产品、品牌企业、品牌产业。

实施绿色制造工程。推进工业企业节能改造，建设公共能源监控检测平台，大力推广应用节能先进适用技术和装备，实施电机能效提升和节能改造行动，抓好年综合能耗万吨标煤以上企业节能降耗；全面推行清洁生产，确保规模以上工业企业排放稳定达标；推进工业节水改造，工业用水循环利用率达到90%以上；推进园区循环化改造，力争省级以上开发区全部达标。

实施军民融合工程。抢抓国家强力推进军民融合发展的重大机遇，依托国家新型工业化产业示范基地，大力支持军工集团在襄企业发挥军工科技、人才、资本优势做大做强军民融合产业，大力支持我市优势民品生产企业通过改造升级跻身军品供应链，着力打造千亿级军民融合产业板块。

（三）实施产业支撑能力建设计划

强化重大项目支撑。坚持把招商引资和项目建设全程紧逼、强力推进。2015年到2018年，每年引进和开工投资过5亿元的重大工业项目分别达到80个，其中投资过50亿元、10亿元的项目分别达到2个和40个；累计竣工投产3000万元以上工业项目1500个，其中投资过5亿元的项目达到240个，投资过10亿元的项目达到100个，投资过50亿元项目达到6个。

强化骨干企业支撑。大力实施企业成长工程，支持骨干企业做大做强，力争到2018年产销过100亿元、50～100亿元、10～50亿元的企业分别达到8家和120家，新增境内外上市和新三板挂牌企业100家，新增四板挂牌企业200家以上，着力培育一批主营业务突出、竞争力强、成长性好、专注细分市场的“小巨人”企业。大力实施企业家培育工程，建立常态化培育机制，着力提升企业家队伍整体素质，力争到2018年培育2～3名带领企业进入中国制造业500强、3～4名带领企业进入中国民营企业500强、20名带领企业跻身全国同行业前列的领军型企业家，100名具有良好发展潜力的成长型企业家。

强化产业平台支撑。以产城融合理念推进园区功能开发，设立特色产业园区建设基金，推动园区投资公司与社会资本合作，重点推进20个市级特色产业园区建设。实施基础设施和公共服务平台覆盖工程，到2018年每个特色产业园区基础设施全部达到“七通一平”标准，建成集研发、孵化、信息、融资、物流、中介等服务功能为一体的综合性公共服务平台。实施产业集聚工程，加快培育垂直分工、专业化协作的产业集群，到2018年特色产业园区工业投资、规模以上企业数量和工业总产值均实现倍增，特色产业园区主导产业集中度达到70%以上。

强化创业创新支撑。大力推进大众创业、万众创新，着力打造工业转型跨越的新引擎。建立健全创业政策发布、创业培训辅导、创业创新大赛、技术服务、投融资服务等公共平台，完善创业创新服务体系。强化扶持措施，优化创业环境，鼓励科研人员创业、大学生创业、留学回国人才创业和返乡创业，大力发展创新型创业。依托襄阳科技城、院士专家创新创业园、大学生创业园、市级创业示范基地等载体，以建设科技企业孵化器为重点，加快打造低成本、便利化、全要素、开放式的众创空间，到2018年，建成4个国家级、10个省级、20个市级科技企业孵化器，入孵企业1500家以上，建成汉江流域创业创新中心。

（四）实施制造业开放引领计划

抢抓“一带一路”和长江经济带建设的机遇，实行更加积极的开放战略，着力提升制造业国际化发展水平。

以自贸区建设推动制造业转型。高起点规划建设湖北自贸区襄阳片区，建立健全投资自由化、贸易便利化、监管法治化、规则国际化的体制机制，着力打造“三港一中心"为核心的汉江流域国际物流中心，加快建设出口加工区、进出口生产加工区和进出口商品交易中心，培育营商环境新优势，吸引国内外高端产业集聚，引领和推动我市产业转型。

以国际产业合作增强制造业竞争力。坚持引进来与走出去相结合，着力在引进高端制造领域的跨国公司上突破，到2018年，力争新引进境外世界500强和全球行业100强企业30家以上；支持制造业企业通过委托开发、专利授权、众包众创等方式，引进先进技术和高端人才，推动利用外资由重点引进技术、外资、设备向合资合作开发、对外并购及引进领军人才转变。着力在推动企业“走出去”上突破，支持优势企业在境外开展并购重组、股权投资、创业投资，依托互联网开展网络协同设计、精准营销、增值服务创新、媒体品牌推广，发展国际总承包、总集成，建立全球产业链体系，培育一批具有跨国经营能力和国际竞争力的跨国公司。

以总部经济集聚提升制造业层次。按照产城融合的理念，规划建设总部经济集聚区，构建总部企业生态圈，优化总部经济发展平台；紧紧围绕我市优势产业发展需求，大力引进国内外大型企业地区总部、财务公司、研发中心等功能性机构，促进我市制造业结构优化、层次提升。到2018年，力争新引进国内外总部型企业20家左右。

（五）实施生产性服务业跨越计划

以“五大平台”建设为重点带动生产性服务业跨越发展，提高对制造业转型升级的支撑能力。

加快建设研发设计平台。到2018年，新增80个省级以上企业技术中心、重点实验室、工程技术中心、校企共建研发中心；建立10个产业研究院、10个协同创新中心和10个省级以上工业设计中心。

加快建设检验检测认证平台。依托检验检测认证产业园，吸引100家左右国内外知名检验检测认证企业入驻，力争建成10个国家级、20个省级检验检测认证机构，着力打造华中检验检测认证中心。

加快建设大数据服务平台。以“襄阳云谷”为载体，加快培育以大数据存储、分析、应用、加工等为主的大数据产业链，力争引进数据中心项目10个以上，集聚大数据企业100家左右，着力打造华中地区云计算和大数据产业基地。

加快建设工业电商物流平台。以建设国家电子商务示范城市为契机，大力推动电子商务创新创业，着力引进一批国内外知名的电子商务龙头企业，建设一批第三方工业电子商务服务平台，探索建立跨境电商综合服务平台、服务外包产业交易促进平台，创建国家级电子商务创业园区。以国家和省级开发区为依托，规划建设与园区配套的工业物流园，引导物流企业集中集聚，加快形成工业物流功能服务区；大力开展“互联网+物流”行动，打造跨地区跨行业的智慧物流平台；推动工业物流服务外包，引导工业企业与物流企业开展战略合作，与物流企业联合组建第三方物流公司，加快壮大第三方物流产业规模。

加快建设中介服务平台。支持市中小企业公共服务平台完善提升服务功能，鼓励引导每个县建立一个中小企业公共服务平台，引导各类中介服务机构入驻，完善“一站式”服务功能。

四、推进措施

（一）深化体制机制改革

创新政府管理方式，更加注重以科学规划和产业政策引导产业发展，更加注重以市场机制配置资源要素，更加注重加强行业自律和公共服务能力建设，提高产业治理水平；深化简政放权，全面推广“一枚印章管审批、一个部门管市场、一支队伍管执法”的“三个一”管理模式，全面推行“三张清单”制度、建立“一局两委”体制、推广“三零”服务机制，营造内陆地区一流的营商环境。完善产学研用协同创新机制，改革技术创新管理体制机制和项目分配、成果评价和转化机制，激发制造业创新活力。引导规模以上工业企业建立完善现代企业制度，增强发展活力和创造力。

（二）强化财政资金杠杆作用

加大财政资金支持力度。完善工业、科技、人才等财政专项资金使用绩效评价机制，充分发挥财政专项资金对产业转型升级的促进作用。做大做强汉江产业基金规模，鼓励各县组建产业基金，撬动更多社会资本投入产业企业。

支持工业招商和项目建设。对符合条件的重大工业项目，给予产业基金扶持、委托代建等支持；对符合条件的招商引资、技术改造、新兴产业、“退城入园”、生产性服务业项目，给予财政后补助、贷款贴息等支持。

激励企业加速成长。对新成长的行业领军型企业、“小巨人”企业、“小进规”企业以及国家和省级公共服务示范平台，给予财政奖补；对国内外行业龙头企业在襄阳和本市企业到市外开展并购重组的，给予贷款贴息、产业基金扶持等支持；对平台类企业，采取政府购买服务方式，鼓励其向市域工业企业提供专业化服务。

促进产业技术创新。采取财政补助、基金扶持、项目代建等方式，支持各类研发设计平台和科技孵化器建设，鼓励关键共性技术协同攻关，引导重大科研基础设施和大型科研仪器开放共享，扶持首台重大技术装备研制。加大科技奖励力度，对获得国家和省科技创新奖、国家质量奖、国家标准及中国驰名商标的，给予奖励。

（三）强化工业生产要素保障

加强融资支持。完善融资担保、银基联投、风险补偿等政银企合作机制，强化信用增进，引导金融机构持续增加工业信贷投放；完善信贷激励机制，鼓励银行业金融机构增加信贷规模、创新金融产品和服务。加快发展多层次资本市场，大力支持企业通过上市挂牌和股权、债券直接融资；扶持发展股权投资，支持民间金融机构转型为股权投资机构，引导民间资本投入产业企业。大力发展互联网金融、融资租赁、资产管理等新兴金融业态，拓宽中小企业融资渠道。

加强人才支持。完善“隆中人才支持计划”，创新人才发展政策，支持工业领域高层次人才、紧缺型人才、创新创业人才和团队的引进培养；搭建校企合作的协同育人平台，大力培养面向生产一线的高技能人才；采取政府购买服务的方式，委托职业培训机构对规模以上企业用工提供订单式专业技术培训；建立重点企业国内专家资源库和高层次人才需求信息库，根据企业需求定期开展高层次人才供需对接活动。

加强工业用地支持。全市及各县年度新增建设用地计划中用于工业项目的比例达到50%以上，其中90%以上工业用地用于工业园区，优先保障国家、省、市重点项目用地需要；严格工业用地出让条件，重点项目落地须经市工业主管部门出具是否符合产业政策的认定意见；在依法依规的前提下，积极探索土地租赁和租让结合的弹性出让方式，减轻企业资金压力。

（四）强化工业发展推进机制

强化组织领导机制。各级党委、政府和市直有关部门要集中更多精力，全力推进万亿工业强市建设。市委、市政府成立市工业促进委员会，由市政府主要领导任主任，加强对万亿工业强市建设工作的组织领导；市工业促进委员会办公室设在市经信委，负责组织推进工业发展重要决策和重大事项的实施，协调、督办、考核工业招商引资、工业项目建设、特色产业园区建设和工业运行工作。各县要建立相应的组织领导机构和工作机制。

强化工业招商和项目建设推进机制。以特色产业园区为平台整合全市招商力量，组建特色产业园区招商引资指挥部，每个园区分别明确一名市级领导任指挥长，整合全市专业招商力量成立相应的招商工作专班；建立重大招商项目责任清单制度，对重大工业招商项目明确责任领导牵头，指定干部脱岗专抓。完善项目建设机制，建立年度工业项目库，编制3000万元以上工业项目路线图；完善项目服务秘书制，对投资3000万元以上的工业项目配备一名项目秘书跟踪服务，对投资5亿元以上的工业项目配备一名驻点秘书脱岗专抓；完善重大工业项目领导包保制度，对投资10亿元以上的项目明确一名市级领导负责，投资5亿元以上的项目明确一名县级领导负责，并组建专班推进。

强化督办考核机制。建立台账管理制，对重大工业事项跟踪督办、限期落实、销号管理。建立常态化督查机制，对工业经济运行情况一月一调度、一季一通报、半年一巡查、年终统一考核。建立市领导随机抽查制，对工业招商、项目建设、园区建设的责任领导、工作专班、服务秘书的工作情况进行不定期抽查。实行目标管理制，将工业增长、招商引资、项目建设、园区建设等主要目标任务细化分解落实到县、开发区，纳入全市综合考评体系，提高工业考评比重，考评未达标的单位不得参与年度评先。

市经信委要会同有关部门制定配套实施办法。

附录二

关于全面提升区域创新能力　加快推进国家创新型城市建设的实施意见

（2016 年 10 月 24 日襄阳市政府“襄政发〔2016〕21 号”文件印发）

为深入实施创新驱动发展战略，推动以科技创新为核心的全面创新，促进襄阳市经济社会的快速发展，现就全面提升区域创新能力，加快推进国家创新型城市建设提出如下实施意见。

一、总体要求

以科技创新为引领，以促进经济社会发展方式转变为主线，进一步深化体制机制改革，着力培育创新主体，壮大创新产业，健全区域创新体系，加快科技成果转化，推动“大众创业、万众创新”，全面提升区域创新能力，努力打造具有襄阳特点，在全国创新版图中有一定影响力的创新型城市。

二、主要目标

到 2020 年，初步建成具有区域影响力的国家创新型城市。成为汉江流域创新要素集聚中心、科技成果转化中心、创新创业的圆梦地，为建成汉江流域中心城市，全面进入小康社会，提供强有力的科技支撑。全社会研究与试验发展（R&D）经费支出占地区生产总值（GDP）的比重的达到3%，全市高新技术产业增加值突破1500亿元，襄阳国家级高新区工业总产值超过5500亿元，技术合同成交额突破150亿元，万人有效发明专利拥有量达到5件以上，公民具备基本科学素质比例达到11%，科技对经济贡献率达到65%以上。

技术创新目标：建立和完善以企业为核心、产学研相结合的技术创新体系。规模以上科技型工业企业全部建立研发机构，拥有自主知识产权的达到80%以上，高新技术产业增加值占地区生产总值（GDP）的比重达到26%。

知识创新目标：建立和完善以科研院所和高等学校为主体的知识创新体系。自然科学与社会科学相互促进，若干学科、领域达到国际国内先进水平，取得一批重要的原创性、具有自主知识产权的创新成果，发明专利授权量居同类城市领先地位。

人才培养目标：建立和完善多层次人才培养和聚集体系。在培养具有国内科技前沿水平的领军人才和重点学科学术技术带头人、复合型高级人才、应用技术人才上取得实质性成效。从业人员平均受教育年限12年以上。

产业发展目标：构建现代产业新体系。建设万亿工业强市，工业经济总量实现倍增。着力打造先进制造业基地、“中国新能源汽车之都”和国家军民融合创新示范区。汽车及零部件产业突破4000亿元，农产品加工业突破3000亿元，装备制造产业突破2000亿元，电子信息、医药化工、纺织服装产业分别突破1000亿元，节能环保、新能源新材料产业分别突破600亿元。建设现代农业强市，以推进国家现代农业示范区和“中国有机谷”建设为抓手，培育一批国家级和省级农业龙头企业、一批国家级和省级农产品加工示范园区、一批名优农产品。建设现代服务业强市，推动生产性服务业向专业化和价值链高端延伸，生活性服务业向精细化和高品质转变，促进现代服务业与先进制造业、现代农业融合发展，加快壮大现代服务业规模，着力打造区域性现代服务业中心。

社会发展目标：建立和完善以促进人的全面发展为中心的社会事业体系。城市基础设施配套齐全，城市生态环境进一步改善，居住环境优美舒适，人与自然和谐相处。社会秩序稳定，人民生活富裕，公民的思想道德素质、科学文化素质和健康素质明显提高，公众具备基本科学素养的比例达到国内同等规模城市的领先水平。

三、主要任务

以提升区域创新能力为目的，组织实施创新主体培育工程、创新产业跨越发展工程、创新体系建设工程、创新人才集聚工程和社会发展科技创新工程等五大创新工程，全面推进国家创新型城市建设。

（一）实施创新主体培育工程

1.大力推进“大众创业、万众创新”。进一步推动商事制度改革，着力构建有利于“双创”的体制机制、政策环境。设立科技企业孵化器建设专项资金，支持以“互联网+N”为基础的创客空间等新型孵化载体建设。鼓励引导社会主体利用闲置厂房、商业用房等建设创业大街、创业社区、创业特色小镇。鼓励大学生创新创业，对入驻大学生创业园创办企业的高校毕业生，给予创业扶持。到2020年，力争各类市场主体总量达到55万户以上；科技企业孵化器达到50家以上，孵化场地总面积达到100万平方米以上，入孵企业超过2000家；实现县（市）区、开发区科技企业孵化器全覆盖。

［责任单位：市行政审批局、市工商局、市人社局、市科技局、市经信委、高新区、经开区、各县（市）区政府］

2. 推进科技型企业快速发展。实施科技型中小企业成长路线图计划、创新型企业培育计划和高新技术企业倍增计划，制定具体推进措施，在创业、孵化、成长、扩张、上市等关键环节，优先给予引导和支持。对新认定的创新型（试点）企业、高新技术企业给予奖励。积极落实普惠性财税政策，激发企业技术创新活力。到2020年，力争列入全省科技型中小企业成长路线图计划的企业达到100家，市级创新型试点企业达到100家、省级以上创新型（试点）企业达到70家，高新技术企业达到600家。

［责任单位：市科技局、市财政局、市国税局、市地税局、高新区、经开区、各县（市）区政府］

3. 实施知识产权战略。全面提高企业创造、运用、保护和管理知识产权的水平。加大对重点产业、核心技术领域取得并已运用发明专利的资助力度。重点资助企业申请和实施国内外发明专利，支持重大专利的产业化。强化企业创新的知识产权导向，大力推进专利优势企业培育工程。对被确定为国家、省、市级知识产权示范企业给予奖励。鼓励支持企业参与制定国际标准、国家标准．到2020年，力争每万人发明专利拥有量达到1005件，新增中国驰名商标15个、地理标志证明商标25个。

[责任单位：市科技局、市经信委、市质监局、市工商局、市文体新广局、高新区、经开区、各县(市)区政府]

(二)实施创新产业跨越发展工程

1. 推动高新技术产业和战略性新兴产业跨越发展。对接“中国制造 2025”规划，实施高新技术产业链技术创新规划和战略性新兴产业倍增计划，围绕重点产业链部署创新链，推动创新资源向产业链集聚。突破性发展新能源汽车、高端装备制造、新一代信息技术产业、新材料、生物技术等产业。加快华为华中云计算中心、中国移动襄阳创新基地等项目建设，推动信息网络、计算存储、安全设施和示范应用等关键环节的产业链加速扩张。推进环保专用设备制造、航空航天、特种非金属材料等产业发展，力争形成一批具有自主知识产权的重大科研成果。到 2020 年，战略性新兴产业增加值和高新技术产业增加值占地区生产总值(GDP)的比重分别达到 15% 和 26%。

[责任单位：市经信委、市发改委、市科技局、高新区、经开区、各县(市)区政府]

2. 促进传统产业以“互联网 +”转型升级发展 . 加大新技术、新工艺、新装备、新材料的推广应用，加大成套装备研发及产业化力度。实施制造业信息化和节能减排科技支撑行动，推动信息技术在重点行业关键环节的集成应用，培育和发展网络制造等现代制造模式，提升传统产业的创新能力和制造水平，推动产业升级和集聚发展。

[责任单位：市经信委、市发改委、市科技局、市环保局、高新区、经开区、各县(市)区政府]

3. 推动现代服务业突破性发展。推动高新技术服务业与先进制造业、战略性新兴产业融合发展，重点推进电子商务、互联网、物联网、云计算、服务外包等新兴服务业发展。大力运用文化科技创新成果培育新型文化和旅游业态，支持建设文化科技产业园、文化与科技融合发展示范区，促进文化产业加快发展。到2020年，力争培育15至20家4A级以上、核心竞争力强的品牌物流企业，服务业增加值达到4000亿元以上，占GDP的比重力争超过40%，现代服务业增加值占第三产业的比重力争突破70%。

[责任单位：市发改委、市商务局、市旅游局、市经信委、市文体新局、市科技局、高新区、经开区、各县(市)区政府]

4. 推进现代农业发展。实施农业主导产业链创新发展计划，对粮食、油料、畜禽、林特、蔬菜等主导产业，围绕种养加销进行全产业链设计，促进农业科技创新要素向产业链各个环节集聚，提升农业主导产业整体创新发展能力，增强农业持续创新能力和发展后劲。到2020年，力争国家级农业龙头企业达到5个，省级以上农产品加工示范园区达到6个，农机总动力达到680万千瓦，综合机械化水平达到82%，大宗农作物良种普及率达到100%，农业科技进步贡献率达到59.2%。

[责任单位：市农委、市科技局、市科协，各县(市)区政府]

(三) 实施创新体系建设工程

1. 加快技术创新研发平台建设。依托重点产业和骨干企业，加快建设一批以提高自主创新能力和关键技术的工程化开发为目标的重点(工程)实验室、工程(技术)研究中心、企业技术中心、校企共建研发中心、工业设计中心，促进创新要素向企业集聚，提高科技创新原始动力，提升产品竞争力。到2020年，力争建成国家级创新研发平台15个，省级创新研发平台140个。

[责任单位：市科技局、市发改委、市经信委、高新区、经开区、各县(市)区政府]

2. 加快科技成果转化平台建设。重点推进襄阳华中科技大学先进制造工程研究院、国家技术转移中部中心襄阳分中心、襄阳院士专家创新创业园、襄阳“国家海智基地”等科技成果转化基地建设。进一步加强与国内知名高校院所的合作，大力建设院士(专家)工作站、院士(专家)服务中心、博士后创新实践基地和博士后科研工作站，建立健全产学研协同创新机制。鼓励产业园区和企业以高等院校和科研院所为技术依托、以产业化为目标，建立产学研合作创新示范基地，促进科技成果转化和自主创新。到2020年，力争建立10个以上产业研究院、10个以上协同创新中心(产业技术创新联盟)、30个产学研合作创新示范基地。

[责任单位：高新区、市人才办、市科协、市人社局、市科技局、经开区、各县(市)区政府]

3. 加快创新公共服务平台建设。重点推进国家动力电池检验检测中心、国家汽车零部件检测重点(工程)实验室等国家级公共技术服务平台建设，依托检验检测认证产业园，吸引100家左右国内外知名检验检测认证企业入驻，着力打造华中检验检测认证中心。加快完善襄阳市生产力促进中心体系、专利服务体系和科技信息服务体系，提升现有公共服务平台服务能力和水平。壮大科技咨询和评估机构、科技投资服务机构等中介服务机构，健全科技创新服务体系。到2020年，力争建成10个以上国家级、20个以上省级检验检测认证机构。

[责任单位：市质监局、市科技局、市人社局、市农委、高新区、经开区、各县（市）区政府]

4. 加快科技园区建设。支持襄阳国家级高新区改革先行先试、产业能级提升，全面建成国家创新型特色园区，打造产城一体化新区. 加快襄阳科技城建设，全面建成具有较强示范引领作用的科技成果产业化基地、技术创新引领基地、创新人才培育基地、战略性新兴产业育成基地和新城区建设示范基地。统筹推进东津新区（国家经济技术开发区）和汽车零部件（动力部件）产业园、高端装备产业园、医药产业园、航空航天产业园等特色产业园建设，提升产业集聚和发展功能。加快枣阳小麦产业科技园、宜城生猪产业科技园、老河口农产品加工科技园和襄州生态农业科技园 4 个省级农业科技园的建设与发展。鼓励省级经济开发区转型升级创新发展，积极创建省级高新技术开发园区。到 2020 年，力争襄阳国家高新技术开发区工业总产值突破 5500 亿元，新批省级高新技术开发区 3 家。

[责任单位：高新区、经开区、各县（市）区政府、市发改委、市经信委、市科技局]

（四）实施创新人才集聚工程

1. 深入实施“隆中人才支持计划”。坚持引进项目与引进人才相结合，以项目资金带动人才引进，吸引国（境）内外高层次人才来襄创新创业。重点争取一批人才进入国家“千人计划”、湖北省“百人计划”，重点引进一批科技领军人物、技术骨干和创新团队，对重点培养和引进的高层次人才给予创新创业资助。到 2020 年，力争新引进“隆中人才支持计划”团队 30 个，培育隆中人才创新创业团队 50 个。

[责任单位：市人才办、市科技局、市财政局、市人社局、市教育局、市科协、高新区]

2. 实施专业技术人才培养计划。培养一大批企业发展急需的战略规划、资本运作、科技管理、项目管理等方面专门人才。深化隆中名师、名医、文化名家工程，带动现有人才素质整体提升。大力培养科技创业领军人才、企业科技创新带头人、现代服务业领军人才、现代农业领军人才。大力发展职业技术教育，培训一批产业发展急需紧缺的中高级专业技术人才。到 2020 年，力争引进培养科技领军人才达到 100 名左右，高层次科技人才达到 1000 名左右，专业技术人才总量达到 45.3 万人，人才贡献率达到 38% 以上。

[责任单位：市人才办、市人社局、市卫计委、市教育局、市科技局、市经信委、市金融办、市农委、高新区、各县（市）区政府]

3. 优化人才发展环境。深化户籍制度改革，积极落实“四个零门槛”落户政策。完善创新创业资助、融资担保、安家费、风险补贴、专利奖励等政策措施，加强创业培训，完善人才创新创业利益回报机制，营造优良的人才服务环境。

[责任单位：市人才办、市公安局、市人社局、市教育局、市科协、市科技局、市财政局、高新区、各县（市）区政府]

（五）实施社会发展科技创新工程

1. 促进生命健康领域的科技创新。积极争取省临床医学科技专项，开展科技攻关和应用示范，建成省级临床重点专科 30 个。强化食品药品监管体系与检验监测体系建设，使科技更好地保障生命健康。

[责任单位：市卫计委、市科技局、市食药监局、各县（市）区政府]

2. 强化生态文明科技支撑。实施节能减排科技支撑行动，推进清洁生产，提高节能减排科技水平。强化生态保护和修复，建设应用示范工程，切实提高人居环境质量。到2020年，空气质量达到二级标准天数占比达80%，城镇污水处理率达95%，单位GDP能耗达到0.40。

[责任单位：市发改委、市环保局、市经信委、市建委、市农委、市科技局、高新区、经开区、各县(市)区政府]

3. 提高社会管理科技保障能力。推进襄阳国家智慧城市建设，构建协同共享的城市智能管控中心及综合信息平台。加强物联网、云计算等技术的推广应用，努力提升社会管理和公共服务的智能化水平。

[责任单位：市政务信息管理中心、市发改委、市建委、市交通局、市公安局、市经信委、市科技局、市科协、高新区、经开区、各县(市)区政府]

4. 大力提高全民科学素质。深入实施《全民科学素质行动计划纲要》，突出重点人群，广泛开展以“科技活动周”“全国科普日”和“襄阳市青少年科技节”等活动为重点的群众性科普宣传活动，努力提高广大公众的科技意识和科技素质。到2020年，力争公民具备基本科学素质比例达到11%。

[责任单位：市科协、市科技局、市教育局、市委宣传部、各县(市)区政府]

四、政策支持

1. 对新认定的市级创新型(试点)企业，给予10万元的后补助资金；对批准为国家、省级创新型（试点）企业的，分别给予60万元、30万元的科技项目经费支持。

2.对新认定的国家级、省级、市级孵化器，分别给予100万元、50万元、30万元的补助；对新认定的国家级、省级、市级众创空间分别给予50万元、20万元、10万元的补助。

3.对申报发明专利给予800元资助，同时申报发明和实用新型专利给予1000元资助；对授权的职务发明专利给予3000元奖励，对授权的非职务发明专利给予2000元奖励.对年发明专利申请达到10件以上、授权量达到5件以上的企事业单位和个人，给予10万元的奖励；对年发明专利申请达到20件以上，授权量达到10件以上的企事业单位和个人，给予20万元的奖励。

4.对企业首次申报高新技术企业、通过高新技术企业认定以及高新技术产品认定的，分别给予5万元的奖励。

5.对新认定的国家工程（技术）研究中心、国家企业技术中心、国家企业重点（工程）实验室，一次性给予300万～500万元配套经费支持。对新认定的省级企业技术中心、工程（技术）研究中心、校企共建研发中心、重点（工程）实验室，一次性给予不低于10万元的科技项目经费支持。

6.对新认定的国家级公共技术服务平台，一次性给予300万～500万元的配套资金支持；对国家级产业联盟、国家级标准联盟在襄阳设立分支机构，给予10万～100万元的项目经费资金；对新建的产业研究院，根据建设需要给予一定比例的配套资金支持；对新建的院士（专家）工作站、博士后科研工作站和博士后创新实践基地，一次性分别给予20万元的建站补贴和10万元的资助；对省级新认定的技术创新平台和省级公共服务平台，一次性给予不低于10万元的科技项目经费支持。

7. 对新建的国家级独立型科研院所给予一次性500万～1000万元的重点支持；对国家级科研院所、重点高等院校在襄阳建立独立研发中心、重点（工程）实验室，给予一次性200万元以内的支持；经省级认定的在襄阳设立的国（境）外独立研发机构，给予一次性100万元以内的资助。

8. 对新引进的海内外高层次创新创业人才（团队），按照一般支持、优先支持和重点支持分别给予100万～300万元的项目经费资助；对入选本市的产业创新创业团队，给予30万～100万元的项目经费扶持。

9. 对新认定的中国驰名商标、地理标志证明商标分别给予50万元、10万元一次性奖励的政策支持。

以上所需经费，已有确定经费来源的，按原渠道列支；无经费来源的，按照现行财政体制分级负担，从科技专项经费中列支。

五、保障措施

（一）组织保障

加强对国家创新型城市建设工作的领导。根据工作需要，调整襄阳市建设国家创新型城市工作领导小组组成人员，市政府主要领导同志任组长，相关单位主要负责人为成员。领导小组下设办公室，办公室设在市科技局，具体负责创新型城市建设的日常工作。建立联席会议制度，定期研究解决改革和创新工作中遇到的问题和困难，统筹推进创新型城市建设工作。市直相关部门和各县（市）区按照职责分工，细化实施方案，明确推进措施，统筹安排，整体推进，重点工程实行专人负责，确保各项目标任务落实到位。

（二）落实引导资金

1. 建立财政科技投入保障机制。按年度明确政府科技投入增长计划，确保财政科技投入年增长幅度高于本级财政经常性收入的增长幅度。县（市）区政府的财政科技投入比例不得低于市财政科技投入的比例。

2. 推进科技与金融紧密结合。深化银政合作，优化升级汉江科技金融服务中心，做大科技金融基金项目企业融资规模，加大对科技型企业融资的支持力度。探索科技贷款担保、科技保险、产权交易与股权交易等新模式。

3. 建立和完善创业投资体系。用好汉江产业股权投资引导基金，通过参股、融资担保、提供配套投资和奖励等方式，吸引国（境）内外资金来襄阳开展创业投资业务。鼓励国（境）内外创业投资机构来襄阳设立创业投资公司或直接投资襄阳的高新技术产业项目.逐步建立风险投资机构与高新技术企业对接机制，实现企业与风险投资机构的良性互动。

（三）强化考核督查

1. 实行目标管理制。将高新技术企业数量、高新技术产业增加值、创新平台数量、科技创新创业人才引进和培育、知识产权保护等主要目标任务细化分解落实到县（市）区、开发区，纳入全市综合考评体系，提高科技创新考评比重。成立联合考核小组，研究制定创新型城市建设监测评价实施方案，动态掌握工作推进情况，加强对创新型城市推进工作的督查考核力度，确保各项工作落实到位。

附录三

中共襄阳市委　襄阳市人民政府
关于深入实施隆中人才支持计划的意见

（2017年7月25日襄阳市委、市政府“襄发〔2017〕16号”文件印发）

为认真贯彻《中共中央印发〈关于深化人才发展体制机制改革的意见〉的通知》（中发〔2016〕9号）、《省委办公厅、省政府办公厅关于深化人才发展体制机制改革促进人才创新创业的实施意见》（鄂办发〔2016〕33号）精神，大力引进海内外带技术（成果）、带项目、带资金的高层次人才团队来襄创新创业，充分发挥人才引领创新驱动、促进产业转型升级的作用，奋力开创“两个中心、四个襄阳”建设新局面，市委、市政府决定，深入实施隆中人才支持计划，特制定本意见。

一、引进对象和条件

重点围绕全市汽车及零部件、装备制造、新能源汽车、新能源新材料、电子信息、医药化工、农产品深加工等主导产业，尤其是新能源汽车、高端装备制造等战略性新兴产业，大力引进海内外高层次人才团队。引进对象应同时具备以下条件：

1. 项目团队应具有海内外创新创业经历，拥有自主知识产权或高技术含量的科技成果，具有较大市场潜力，并进行产业化生产。

2. 项目团队由1名技术带头人和3名以上核心成员组成。团队带头人一般应有硕士研究生以上学历学位或相当于副教授职称，或在跨国公司、知名企业担任中高级技术管理职位2年以上。创业团队带头人为企业主创人员的，一般应担任企业重要职务（法定代表人、董事长、总经理、技术负责人），并持股20%以上。

二、扶持政策

1. 工作场所。项目注册地所在县（市、区）、开发区提供100—300平方米工作场所，前3年免收租金，第4至第5年按市场价的50%收取租金。资助项目扩大生产须建厂房的，企业用地实行“一企一策”，依法予以保障。

2. 项目资助。坚持“逐年遴选、梯次培育、分期资助”。市财政对申报入选的项目进行无偿资助，支持周期为3年。第1年入选项目设为C类，给予每个项目50万元经费支持；第2年在C类项目中进行第二次遴选，遴选项目设为B类，再给予每人项目100万元经费支持；第3年在B类项目中进行第三次遴选，遴选项目设为A类，再给予每个项目200万元经费支持。对我市产业发展产生巨大带动效应的，实行“一事一议”，按照资金支持与带动效应所产生的效益相匹配的原则给予支持。对参加国家、省级创新创业赛事活动取得第三等次及以上的人才创业项目，符合引进对象和条件的，在我市落地实施后，可直接组织专家开展实地考察入选C类项目，并给予相应资助。

3. 担保贷款。资助项目进行产业化生产的，根据其项目层次和投资需求，经论证审批，由市中小企业投资担保公司等国有控股担保公司提供 100 ～ 500 万元的担保贷款。市科技金融基金鼓励商业银行向科技型中小企业发放知识产权质押贷款。

4. 股权投资。资助项目需要融资的，推荐给市汉江产业股权投资引导基金参股子基金采取股权投资方式予以支持。子基金根据尽职调查情况，按照被投资企业规模、发展阶段等实施差别化投资，对处于种子期、初创期、成熟期的单个企业，投资金额原则上最高分别可达 100 万元、300 万元、2000 万元，基金对被投资企业的投资不超过企业总股本的 30%。对我市产业发展有重大贡献、能够带来重大经济社会效益的项目，采取“一事一议”，股权投资最高可达 1 亿元。

5. 风投补偿。实施鼓励风投机构投资科技创业的风险补偿机制，按照汉江产业股权投资基金相关管理规定明确的条件和标准，设立襄阳市科技创业风险投资补偿基金，制定科技创业风险投资补偿基金管理暂行办法，备案风投机构（在襄注册或设立分支机构）投资隆中人才支持计划资助项目所发生的投资损失，可按不超过实际投资损失的 30% 给予补偿，每个投资项目的投资损失补偿金额不超过 300 万元，单个投资机构每年度获得的投资损失补偿金额累计不超过 600 万元。

6. 薪酬激励。支持高层次人才以技术成果参与分配，以合作方式实施技术成果转化的，项目盈利后 5 年内，所在单位每年可从实施该项成果的新增税后净利润中提取不低于 15% 的比例，用于奖励成果完成人。鼓励用人单位对高层次人才团队实行股权激励、期权激励。高层次领军人才创办的企业获得 A 类以上投资，并引进技术或管理团队，可申请团队核心成员3年内每人每年20万元薪酬补贴，薪酬补贴所需经费，按现行财政体制分级负担。

7. 引才优惠。城区（不含襄州区）企业引进的高层次人才、高技能人才，按照《市委办公室、市政府办公室印发〈关于支持企事业单位引进高层次人才试行办法〉的通知》（襄办发〔2013〕24号）规定，享受襄阳市住房补贴优惠政策，支持企业引进人才，允许企业以符合国家政策规定的智力支出作为技术开发费用投入，对引进创新型人才的租房补贴、安家费、科研启动经费等费用可按有关规定列入生产成本核算。

8. 政府奖励。资助的团队成员在襄作出较大贡献的，优先推荐参评国家“千人计划”“万人计划”、湖北省“百人计划”、襄阳杰出人才、襄阳优秀人才，以及国家、省、市有突出贡献中青年专家和政府特殊津贴人员。用人单位引进的高层次创新创业人才在襄申报入选国家“千人计划”“万人计划”、湖北省“百人计划”的，对所在单位分别给予20万元、20万元、10万元奖励。鼓励中介服务机构推荐高层次人才到襄创新创业，引进的高层次人才在襄申报入选国家“千人计划”、湖北省“百人计划”的，对中介服务机构分别给予20万元、10万元资助。所需资金按现行财政体制分级负担。

9. 科技扶持。资助企业被批准为国家、省创新型试点企业的，财政分别给予不低于60万元、30万元的科技项目经费支持。凡被认定为国家级、省级知识产权示范企业的，财政分别给予不低于40万元、20万元的奖励。所需资金按现行经费渠道支出。

10. 保障服务。团队带头人、核心成员（不超过4人，下同）在襄无自有住房的，可分别申请拎包入住120平方米左右、100平方米左右人才公寓，3年内免收租金。团队带头人纳入市级保健对象，核心成员在全市三甲医院享受优诊优疗服务。团队带头人及核心成员子女就读市内中小学、幼儿园，可根据本人意愿和实际情况，结合当年各学段入学原则，由市、区教育行政部门协调安排入学接受优质教育，各级政府要加大购买服务力度，通过合同、委托等方式，鼓励社会中介机构为隆中人才支持计划资助项目提供咨询辅导、人才招聘、人才测评、人才培训、法律、财务、投融资、市场营销、知识产权、技术转移等专业化服务，经费按现行财政体制分级负担。

三、实施程序

隆中人才支持计划在市委人才工作领导小组领导下实施，市委组织部、市科技局、市财政局、市经信委、市发改委、市外侨局、市人社局、市住房保障和房屋管理局、市教育局、市卫计委、市国税局、市地税局、市政府金融办、汉江投资控股有限公司等承担相应的工作任务，市委人才办负责组织、协调、指导、检查、督促。

1. 发布公告。每年通过《襄阳日报》、襄阳市人民政府网、襄阳党建网等媒体发布隆中人才支持计划申报公告。

2. 申报受理。高层次人才团队向公司工商注册地所在县（市、区）、开发区人才办提交书面《申请书》《高层次人才来襄创新创业项目计划书》，经各地初审汇总后报市委人才办。

3. 资格审查。市委人才办会同市科技局、市财政局、市经信委，组织有关部门和行业专家对申报项目进行资格审查，确定集中评审名单。

4. 集中评审。市委人才办委托第三方机构，组织省内外行业技术专家、创投机构和知名企业负责人，根据资格审查结果，采取集中路演（面试答辩、会议评宙）等方式对申报项目进行评审，确定拟推荐名单。

5. 实地考察：市委人才办会同市科技局、市财政局、市经信委组织专班，或委托第三方机构组织有关专家，实地考察项目注册、落地、投资等情况，对拟推荐名单进行现场考察，拟定最终推荐名单。

6. 审定公示。市委人才工作领导小组对推荐名单进行审核，报市政府审定拟入选名单。对需要实行“一事一议”在项目资助、股权投资方面给予支持的重点项目，提请市政府常务会会议、市委常委会会议研究确定：将拟入选名单在《襄阳日报》、襄阳市人民政府网、襄阳党建网等媒体上公示 7 个工作日。

7. 管理服务。公示期满无异议的，正式列入隆中人才支持计划扶持对象，签订协议书，明确项目进度、有关指标完成情况等，作为项目支持、管理和考核的依据。根据项目进展情况，按政策分期予以资助、落实相关待遇。对弄虚作假骗取资助的企业或个人，一经查实，取消申报资格，并列入“黑名单”，3 年内市直相关部门不再接受该单位和个人的各类项目申报；对已骗取的资助资金，依法予以追回，并依法追究法律责任；涉及违法犯罪的，移送司法机关处理。风险投资机构弄虚作假骗取补偿资金、不配合资金实施情况检查、不按要求提供完整财务报表及投资进展材料的，将解除风险补偿合同，通报批评并依法追究责任。政府部门、相关机构及其工作人员弄虚作假、隐瞒事实真相或串通作弊造成风险补偿资金损失的，将依法依规对相关单位和责任人进行处理。

8. 考核评估。委托第三方专业机构，定期对隆中人才支持计划资助项目进行绩效评估。将隆中人才支持计划实施情况纳入各县（市、区）、开发区和市直相关单位人才工作年度目标考核内容。

本意见自2017年7月25日起执行，有效期五年。市委人才办要会同有关部门制定具体实施细则。同类型的奖励不得重复享受。《中共襄阳市委、襄阳市人民政府关于实施隆中人才支持计划的若干意见（试行）》（襄发〔2009〕6号）同时废止。